Pièces de théâtre pour 8 femmes

(Théâtre contemporain français)

Du même auteur*

Certaines œuvres sont connues sous différents titres.

Romans

La Faute à Souchon : (Le roman du show-biz et de la sagesse)
Quand les familles sans toit sont entrées dans les maisons fermées
Liberté j'ignorais tant de Toi (Libertés d'avant l'an 2000)
Viré, viré, viré, même viré du Rmi !
Ils ne sont pas intervenus (Peut-être un roman autobiographique)

Théâtre

Neuf femmes et la star
Les secrets de maître Pierre, notaire de campagne
Ça magouille aux assurances
Chanteur, écrivain : même cirque
Deux sœurs et un contrôle fiscal
Amour, sud et chansons
Pourquoi est-il venu :
Aventures d'écrivains régionaux
Avant les élections présidentielles
Scènes de campagne, scènes du Quercy
Blaise Pascal serait webmaster
Trois femmes et un Amour
J'avais 25 ans
« Révélations » sur « les apparitions d'Astaffort » Jacques Brel / Francis Cabrel

Théâtre pour troupes d'enfants

La fille aux 200 doudous
Les filles en profitent
Révélations sur la disparition du père Noël
Le lion l'autruche et le renard,
Mertilou prépare l'été
Nous n'irons plus au restaurant

* extrait du catalogue, voir page 81

Stéphane Ternoise

Pièces de théâtre pour 8 femmes

(Théâtre contemporain français)

7 octobre 2013

Jean-Luc PETIT Editeur / livrepapier.com

Stéphane Ternoise
versant
dramaturge :

http://www.dramaturge.fr

Tout simplement et logiquement !

Stéphane Ternoise

Pièces de théâtre pour 8 femmes

(Théâtre contemporain français)

Jouer une pièce de théâtre, même pour un public restreint, même lors d'un spectacle gratuit, nécessite l'autorisation de son auteur (ou son représentant).

Pièces de théâtre pour 8 femmes

(Théâtre contemporain français)

Deux pièces où huit femmes pourront exprimer sur scène leurs talents.

Odette tient le rôle phare dans *huit femmes et la star* : elle est la secrétaire très particulière du célèbre chanteur de variété très romantique Antonin K, organisateur d'un grand concours « *les chansons du millénaire* » offrant à sept lauréats le bonheur de passer une journée dans son village du sud-ouest. La star vieillissante a « naturellement » légèrement truqué le tirage au sort pour recevoir sept ravissantes jeunes femmes.

Six seulement viendront, accueillies par la secrétaire de l'association, Odette, gaffeuse même à jeun, qui improvise car l'idole est en retard... retenu par sa femme. L'alcool délie les langues : show-biz comme Antonin, la réalité diffère grandement de la mise en scène médiatique... Un seul décor, une salle de réception, pour cette pièce baignant dans le show-biz, et deux, la salle non-fumeur d'un café (acte 1 et 3) et un bureau d'une société d'assurances (acte 2) pour *ça magouille aux assurances*, les conséquences des discrètes fausse déclarations de Françoise. En ce temps-là, au début des années 1990, le tabac régnait dans la société française. Néanmoins, Clara, la cafetière (la veuve de Jojo), avait accordé une salle aux non-fumeurs, utilisée uniquement par des femmes. Une seule table occupée par Françoise, Pierrette, Jeanne et Jocelyne. Quatre veuves. Mais la première part désormais avant 8 heures. Pourquoi ? Mystère ! Et elle est remplacée par Claude, « *une brave fille.* »

9

Un jour d'anniversaire, Françoise avoue ses grands secrets. Mais Claude n'était pas là par hasard, elle attendait sa confidence.

Claude est inspectrice des assurances, en mission, en recherche de preuves dans des arnaques aux fausses déclarations.

Des pièces de Stéphane Ternoise
http://www.dramaturge.net

Huit femmes et la star

Sujet : sept ravissantes femmes lauréates d'un concours leur offrant 24 heures avec leur idole, le chanteur Antonin K. Six seulement viendront. Secrétaire de l'association organisatrice, Odette, un peu gaffeuse même à jeun, les accueille. Arrivées programmées à la file indienne. Mais l'idole est en retard... Odette improvise, l'alcool délie les langues : show-biz comme Antonin, la réalité diffère grandement de la mise en scène médiatique...

Décor : une belle salle de réception, avec table longue ornée de fleurs, un bureau, des fauteuils, des chaises, un canapé garni de coussins ornés d'un A majuscule, trois portes, deux fenêtres dont l'une près de la porte d'entrée, une guitare sèche suspendue au mur (au-dessus du canapé)...

Personnages :

Odette : hôtesse d'accueil, la quarantaine.

Les lauréates (25 à 35 ans) par ordre d'arrivée programmé :
Aurélie, Brigitte, Cécile, Delphine, Emilie, Françoise (ne viendra pas), Géraldine : très distinguées, vêtues avec goût, arriveront avec un petit bagage.

Une fan : la quarantaine, apparence très à l'opposée des lauréates.

Le chanteur moustachu et vieillissant, Antonin K, la soixantaine, ne viendra pas.

Acte 1

Odette seule dans la salle de réception. Elle marche de long en large, tout en regardant sa montre, inquiète.

Odette, *en arpentant la scène* : - Je ne marche pas par nécessité. Mais ça me calme ! Calme-toi Odette, puisque tu marches ! Tu fais tout ce qu'il faut pour recouvrer ton légendaire calme. Respire ! *(elle respire profondément)* Oui, avec le ventre, c'est bien... Zen... *(elle continue en silence à marcher, inspirer et expirer profondément.)* La première va arriver... Elle va arriver, j'en suis certaine... Tout va encore foirer et ça va retomber sur qui ? Sur ma tronche comme d'habitude... Je ne me suis quand même pas trompée de jour ? *(elle prend une chemise sur le bureau, l'ouvre...)* Ce serait une belle histoire à raconter ! *(elle sourit)* Odette panique mais elle s'était emmêlée les puceaux *(se frappe la tête)* *(précision de l'auteur : ce lapsus peut être retiré lors de certaines représentations, comme d'autres lapsus, si jugés incompatibles avec le public)*, les pinceaux, les dates quoi !... Non, c'est bien aujourd'hui... L'arnaqueur de fleuriste a livré ce matin, donc le Jour J a enfin sonné !... J comme jouissons. Et la première va arriver. *(silence)* Mais qu'est-ce qu'il veut se prouver ! Il a tout : l'argent, la gloire, sept résidences secondaires, deux Porsche, une Ferrari, un 4x4, des vignes, des autruches, des amantes, des bisons, des enfants. Comme elles sont belles ses filles ! Pauvres petites filles riches, va ! Comme ça doit être invivable, fille de star !... Pratique, génial, inespéré. Mais invivable après 14 ans !... Le fou ! Tout ça à cause de quelques rides ! Qu'est-ce qu'il croyait ! Un jour, même la chirurgie esthétique ne peut plus rien ! Et de l'autre, qui s'amuse, avec ses parodies. Quel impertinent ! Mais comme c'est drôle ! *(elle éclate de rire)* Après tout, je m'en fous si tout foire. Pierre qui roule n'amasse pas mousse ! *(elle lance la chemise sur le bureau ; peu importe si elle n'atteint pas sa cible)* Odette philosophe, parfaitement *(elle se vautre dans le canapé)* Si j'étais star, je crois que, moi aussi, j'aurais des caprices de star. *(de sa main droite elle mime un éventail)* Mais pas sept !

On Sonne.

Odette : - Oh peuchère ! Enfin ! Il a fini de se maquiller ! Oh ! Les lumières !...

Elle se lève, se précipite sur les interrupteurs – après quelques essais transforme la pièce, qui devient très intimiste – et fonce vers la porte, s'arrête, souffle profondément, ouvre, s'apprête à sauter au cou de son idole (même si elle est salariée de « l'association », elle reste très fan)... C'est Aurélie... Odette s'arrête net.

Aurélie, *un petit sac à la main, surprise* : - Je suis la première ? Suis-je un peu trop en avance ?
Odette, *se reprenant* : - Entrez, entrez, Aurélie.
Aurélie : - Comme vous connaissez mon prénom, je suis à la bonne adresse *(elle observe le décor, qu'elle doit juger très... intimiste).*
Odette : - Entrez, entrez, Aurélie. Antonin devrait être là, il a... un léger retard.
Aurélie : - Ah, je comprends, c'est lui que vous vous apprêtiez à accueillir d'une manière aussi fougueuse !
Odette : - Mais non, mais non... J'ai glissé.
Aurélie, *en souriant* : - Et je suis la première ?
Odette : - Naturellement... Je veux dire, vous pouvez le constater.

Odette referme la porte.

Aurélie : - Oh ! La première guitare !
Odette : - C'est même pas vrai !... *(se reprenant)* Oui, la première guitare d'Antonin *(comme si elle récitait)* sur

laquelle, seul dans son jardin, à l'ombre des figuiers, il a composé ses premiers succès.

Aurélie : - Oh ! Comme c'est touchant de la voir en vrai.

Odette : - Je vais le rappeler… (*elle sort son portable d'une poche et appelle ; à Aurélie :*) C'est toujours son répondeur. C'est son répondeur depuis une heure. Je l'ai bien déjà appelé dix-neuf fois (*elle range son portable*).

Aurélie : - J'espère qu'il ne lui est rien arrivé de grave ! Ce serait trop bête ! J'ai tellement rêvé de cet instant ! Rencontrer Antonin ! Pouvoir lui parler comme je vous parle…

Odette : - Parler, parler, ce n'est pas son fort, à l'Antonin !

Aurélie : - Pourtant, à la télé, il a toujours l'air tellement à l'aise, et si calme, si souriant…

Odette : - Avec un prompteur, tout le monde serait comme lui ! (*face au regard interloqué d'Aurélie, Odette réalise qu'elle s'exprime devant une lauréate*) Mais non ! Je plaisante ! Nous sommes dans le sud-ouest ici, nous avons la galéjade facile.

Aurélie : - Je croyais que la galéjade, se pratiquait uniquement du côté de Marseille.

Odette : - Naturellement… ce qui signifie : ici gasconnades.

Aurélie : - Gasconnade, Gascogne, Gascon, c'est donc vrai : le caractère des Gascons était très haut en couleur ? C'était bien au temps de la langue d'Oc ? Après l'empire romain ?

Odette : - Je suis là pour vous accueillir. L'office de tourisme, c'est à côté… Je vous le susurre sans m'énerver : la Garonne nous irrigue, donc nous avons la plaisanterie facile. Comme vous débarquez de Paris, vous ne comprendrez pas toujours !

Aurélie : - Je suis de Châteauroux.

Odette : - Je le sais parfaitement, 28 ter rue Romanette

15

Boutou. Mais pour nous, au-dessus de Brive la Gaillarde on grelotte, c'est le pôle Nord.

Aurélie : - C'est une gasconnade !

Odette : - Vous comprenez vite… J'allais ajouter pour une parisienne ! Je vous bouscule un peu, c'est juste pour noyer mon anxiété ! Je noie mon anxiété dans la Garonne ! Je vous l'avoue sans chinois, sans chichis même : je ne comprends pas pourquoi Antonin n'est pas à ma place et moi derrière la caméra.

Aurélie : - La caméra ?

Odette : - Euh… Oui pour vous offrir la cassette de votre rencontre.

Aurélie : - Ah ! Quelle délicatesse !… Comme c'est touchant. Et vous travaillez depuis longtemps avec Antonin ?… Je me permets d'utiliser ainsi son prénom : sur son courrier si poétique, il notait : « Appelez-moi Antonin quand nous aurons la chance d'enfin croiser nos regards. »

Odette : - C'est plus intime. Antonin avec un A comme Amour ! Antonin l'entrée des câlins ! C'est toujours mieux que son véritable prénom ! Les parents sont parfois fous !

Aurélie : - Comment ? Antonin est un pseudonyme ?

Odette : - Quel indice vous induit ainsi en erreur ?

Aurélie : - Vous !… Pourtant j'ai lu toutes ses biographies et pas une ne signale un pseudonyme.

Odette : - Il faudra vous y habituer ! Ici on cause avec des images.

Aurélie : - La terre du grand poète.

Odette : - Comme recopient les journalistes !

Aurélie : - Comme je suis heureuse d'être ici ! Devant la porte, durant les quelques secondes du sourire de la prise de conscience du rêve devenant réalité, je me demandais si l'idole de ma vie allait m'ouvrir. Comme j'aurais été intimidée !

Odette : - Il doit encore traîner des moustaches dans le bureau. Tu veux que je les mette ?

Aurélie : - C'est une gasconnade ?

Odette : - On est dans le show-biz ici, après cinq minutes on se tutoie, après sept on s'embrasse sur la bouche.

Aurélie se recule.

Odette : - C'est une des célèbres répliques de notre poète bancal ! Local ! Les aphorismes du moustachu ! Il devrait être là, nous voguons à vue, nous sommes en totale improvisation. Je sens venir le paranormal ! Et je n'aime pas ça ! (*elle ressort de sa poche son portable et le rappelle*). Toujours la boîte vocale. « Antonin, la première lauréate est impatiente de te voir en chair et en os. Et plus si affinités. » (*elle pose son portable sur la table*)

Aurélie : - Encore une gasconnade !

Odette : - Déformation professionnelle !

On sonne.

Aurélie : - Oh !

Odette : - Ne rêvez pas, je n'ai pas refermé à clé ! Quand il est en retard, avant de sonner, Antonin tourne toujours la poignée pour entrer discrètement, avec son petit air d'enfant de chœur pris en faute avec le verre de vin blanc de monsieur le curé aux lèvres et les joues rouges !

Aurélie : - Ah !

Odette : - Ma mère l'a vu enfant de chœur, c'était en... (*se reprenant*) Je vous parie que c'est Brigitte, 42 rue Pasteur, une de vos co-lauréates.

Aurélie : - Vous êtes voyante ?

Odette : - Les gasconnades de Châteauroux, c'est comme un Antonin sans mouche.

Aurélie : - Sans mouche !?

Odette : - Un Antonin sans moustaches (*elle mime les moustaches sous son nez*), je m'exprime pourtant clairement !

Odette va à la porte, ouvre.

Odette : - Bonjour Brigitte.

Brigitte : - Je suis en avance… Je serais venue à pied pour voir Antonin…

Odette : - Y'a pas de quoi !… Euh, je vous comprends.

Odette referme.

Aurélie : - J'en suis certaine : vous n'habitez pas Valenciennes !

Brigitte : - Vous m'avez devancée ! Je pensais être la première avec quinze minutes d'avance…

Odette : - Les présentations : Aurélie, première arrivée.

Brigitte : - Enchantée.

Aurélie : - En chansons… Je m'entraîne… Il paraît que nous sommes au pays des gasconnades !

Odette : - Et la gasconnadière en chef, Odette, chargée par le maître d'improviser quand la pendule ne tourne pas rond.

Brigitte : - Et c'est le cas ?

Odette : - La centrale nucléaire détraque nos pendules.

Aurélie, *à Brigitte* : - C'est un message codé ; Odette, pourriez-vous traduire, nous n'avons pas grandi dans l'ombre du maître.

Odette : - Je répète une dernière fois : Antonin devrait être là…

Aurélie : - Et il est ailleurs !

Brigitte : - Et personne ne connaît cet ailleurs ?

Odette : - Qui sait avec lui !

Brigitte : - Oh ! La première guitare ! (*elle s'approche du canapé*)

On sonne !

Odette : - Je n'ai pas refermé à clé !

Aurélie : - Si ce n'est lui, c'est donc une autre.

Brigitte : - Et pourquoi donc, ne serait-ce pas lui ?

Odette : - Transmettez le savoir Aurélie, je suis postière, portière !

Aurélie : - Parce qu'Antonin appuie toujours sur la poignée avant de sonner depuis qu'il a été surpris par Odette à boire le vin rouge de monsieur le curé, et Odette enferme les bouteilles à clé...

Odette : - Mais tu mélanges tout !

Aurélie : - Je crois que cette histoire me perturbe !

Brigitte : - Je n'ai rien compris. Vous êtes surréaliste tendance André Breton ?

Aurélie : - Je suis réaliste tendance *Psychologies Magazine*. Avec même un peu de Prozac quand ça chauffe trop.

Odette ouvre : une femme, très nerveuse, avec un appareil photo en main, entre rapidement.

La fan, *très nerveuse* : - Bonjour, bonjour, je suis venue pour les rencontres.

Odette : - Vous n'avez pas été convoquée, mademoiselle.

La fan : - C'est bien aujourd'hui, c'est bien ici les lauréats du concours. J'ai participé.

Odette : - Mais vous n'avez pas eu la chance de gagner !

La fan : - On m'a dit qu'il fallait venir aujourd'hui.

Odette : - Qui est donc ce cher et brave « on » ?

La fan : - C'est écrit dans le journal que c'est aujourd'hui.

Odette : - Mais personne ne vous a demandé de venir.

La fan : - Oh la première guitare ! Oh comme elle est belle !

Odette : - Ce n'est pas pour vous qu'elle est là, chère madame. Ma patience a des limites.

Les lauréates observent la scène en souriant.
Odette va chercher son portable sur la table. La fan en profite pour avancer timidement en jetant des regards admiratifs.

La fan : - Je suis une vraie fan.

Odette, *en se retournant* : - Je vous prie de quitter immédiatement cette salle privée.

La fan : - Je voudrais juste une photo, monsieur Antonin et moi, soyez sympa, j'ai parié avec les copines. On n'arrive jamais à entrer dans les loges après les concerts. Je voudrais embrasser Antonin, c'est mon rêve. J'ai fait trois cents kilomètres, soyez sympa.

Odette : - Je compte donc jusqu'à trois. Et comme les gendarmes sont juste à côté, dans deux minutes, si vous êtes encore ici, ils vont vous placer vingt-quatre heures en observation, prévention, et même préventive ! Ce serait dommage, vous en conviendrez ?

La fan : - Je voudrais juste faire une photo avec Antonin. Je n'ai pas de mauvaises intentions. Je suis une vraie fan.

Odette : - Attendez dehors et vous le verrez arriver.

La fan : - Ne vous moquez pas de moi, je suis certaine qu'ici c'est comme une zone militaire, vous avez au moins cinq entrées et sûrement même des souterrains.

Odette : - Antonin a laissé une photo dédicacée, je vais vous la chercher, seulement si vous me promettez qu'ensuite je ne serai pas obligée de déranger la gendarmerie.

La fan : - Promis, promis, je dirai aux copines que mon appareil s'est bloqué. C'est une bonne idée, vous ne trouvez pas ?

Odette : - Excellente ! (*elle va au bureau, ouvre un tiroir, en sort une photo... pendant ce temps la fan en profite pour photographier la guitare*) Tenez, chère madame.

La fan : - Oh merci, merci chère madame. (*elle sort en la tenant dans les mains et en la fixant comme une image sainte*)

Odette, *refermant la porte à clé, pour elle* : - Pauvre femme ! Ah ! C'est ça aussi son public ! On choisit les lauréates mais pas son public ! Peut-être même pas quarante ans et déjà lessivée !... (*aux lauréates :*) Il suffit d'un peu de tact et ça se passe toujours bien. Sauf une fois où les gendarmes ont vraiment dû se déplacer. Menottes et panier à salades !

On sonne.

Odette : - Ah non ! Elle ne va pas être la deuxième, celle-là ! (*elle écarte le rideau de la fenêtre et regarde dehors... Ouvre*) Encore, déjà ! Mais vous êtes toutes en avance !

Entrent Delphine et Emilie.

Delphine : - Nous y sommes enfin !

Odette : - Mais oui, bonjour Delphine, bonjour Emilie...

Delphine : - Bonjour...

Odette : - Odette, Odette avec un O et quelques dettes... Rassurez-vous, j'ai une éponge qui les récure !... Les absorbe !

Toutes la regardent sans comprendre.

Odette : - J'ai une relation qui les éponge, si vous ne comprenez pas les raccourcis. Delphine et Emilie qui arrivent avant Cécile, décidément tout part de travers.

Aurélie : - Les chemins de travers.

Emilie : - Bonjour Odette.

Odette, *en les montrant* : - Je vous présente Aurélie et Brigitte, faites comme chez vous. Antonin devrait être là mais j'ignore où il est... Demandez des informations, racontez votre voyage, des blagues, montrez-vous les photos de vos enfants, vos vacances, vos amants, Odette est débordée, déboussolée, déstabilisée, déprimée et Aurélie, au lieu de m'aider, mélange tout. Elle aurait dû s'appeler Zélie ! Je n'en peux plus ! (*Odette prend dans une de ses poches une pilule, hésite*) C'est un cas de force majeure, sinon je vais péter un plomb ! (*elle l'avale*) Ha ! Je me sens déjà mieux ! Cool ! Le show-biz a quand même de bons côtés ! Défonce majeure !

21

Aurélie et Brigitte l'observent avec désapprobation, tandis que Delphine et Emilie posent leurs sacs dans un coin sans y prêter attention.

Delphine : - Oh ! La première guitare…

Emilie : - Je te donne ma place si elle est vraie !

Delphine : - Ta place !

Emilie : - On en reparlera demain !

Delphine : - Tu vas finir par m'inquiéter…

Odette *plane, pour elle* : - Peace and Love ! Champagne !… Mais ça ne dure jamais, je sais, je suis lucide même dans mon aéroplane blindé. J'en ai trop ingurgitées. Une vie de défonce ou une vie où l'on s'enfonce jusqu'au cou dans le fossé ? Même si j'avais eu le choix, si l'Antonin ne m'avait pas embarquée dans son délire, j'aurais choisi le soleil artificiel (*le regard de plus en plus vague*). Comment peuvent-elles supporter la grisaille ? Je vous pardonne, vous ne pouvez pas comprendre, vous ne devez jamais savoir…

Delphine, *en se retournant* : - Je vais tout vous raconter ! Quelle coïncidence ! Nous étions dans le même train ! Tout d'un coup, je me lève, j'étais trop nerveuse, il fallait que je me dégourdisse les jambes, et qu'est-ce que j'aperçois au poignet de cette ravissante personne ? Je vais vous le dire : un bracelet en argent ! Et pas n'importe quel bracelet en argent, un bracelet en argent identique à celui cause d'une émotion digne d'un premier amour, quand je l'ai découvert dans la lettre.

Toutes soulèvent leur main gauche pour montrer leur bracelet et rient. Odette a le même et rit encore plus fort. Elle soulève le bord de son pantalon droit pour montrer qu'elle en a un aussi à la cheville.

Brigitte : - Moi, quand je l'ai vu, j'ai failli m'évanouir.

Aurélie : - Au pays de la gasconnade, tu aurais dû t'exclamer « *Il a fallu une heure aux pompiers pour me réanimer...* » Oui, je te tutoie, car j'ai retenu la première leçon d'Odette «*Après cinq minutes, on se tutoie...*» Odette, *qui plane* : - Tutoyez-vous, aimez-vous les unes les autres. Et adoptez des enfants si... si je chante faux.

Delphine : - Donc on va toutes se tutoyer, puisque nous sommes dans le même bateau *(Odette, sans l'interrompre : « bureau pas bateau... c'est un sacré radeau !»)*, que nous avons toutes eu l'heureuse surprise de recevoir une lettre... Immense surprise sauf Emilie ! Parce qu'elle était certaine d'être tirée au sort ! Une intuition ! Je croyais qu'elle bluffait tout à l'heure. Mais comme elle était certaine qu'Antonin ne serait pas là pour nous accueillir... Tu m'as perturbée, Emilie !

Emilie : - Moi ? La vérité ne doit jamais nous perturber ! Des forces nous dirigent et il faut parfois admettre notre modeste condition.

Aurélie, *pour elle, en se passant la main droite dans les cheveux* : - L'une plane, l'autre messianise, je devrais peut-être aller attendre Antonin dehors.

Delphine : - Je reprends mon histoire où je l'avais laissée : nous avons engagé la conversation. J'étais toute excitée... Et dans le taxi, mademoiselle me balance : « *Nous avons le temps, de toute manière il arrivera en retard, quand même toi tu ne penseras plus à lui...*» Ce qui m'a surprise, c'est de ne pas avoir été invitées à la même heure...

Odette, *qui plane toujours* : - Délicatesse d'Antonin. A chacune un accueil personnalisé, arrivées programmées avec un intervalle régulier...

Brigitte : - Personnalisé ?

Odette, *moins planante* : - Mais en plus d'Antonin, maintenant il manque Cécile ! L'ordre d'arrivée n'a pas été respecté, c'est la chienlit ! Général ! Réveille-toi, ils sont devenus fous !

23

Delphine : - Et le programme ? Quel est le programme ? L'incertitude c'était bien avant, on pouvait tout imaginer. Mais maintenant que nous sommes arrivées…

Odette : - Programme ! Le programme ! Mais Odette n'a qu'un rôle secondaire ! Je suis une simple salariée qui se mettra en grève un jour ! Tout reposait sur Antonin et vous, ravissantes lauréates !

Brigitte : - Il devait nous apprendre à écrire une chanson ?

Odette : - Apprendre à écrire une chanson ! J'aurai tout entendu dans l'ombre du boss ! J'ai pas dit du bossu ! Si je la retiens, je l'écrirai celle-là ! Dans mes mémoires. Les mémoires d'Odette ! « *Mémoires honnêtes mais pas nettes d'Odette.* » Sous-titré « *Antonin étonnant.* » J'ai déposé le titre à la Bibliothèque Nationale. Bref ! Il y a deux écoles : dans la première, les artistes se réunissent, picolent et griffonnent leurs divagations, et selon l'autre école, les solitaires s'enferment dans leur chambrette et attendent l'inspiration… c'est-à-dire qu'ils picolent seuls !

Brigitte : - J'ai essayé d'écrire des chansons… Mais on me répondait toujours que c'étaient des poèmes.

Delphine : - Si j'ai bien suivi, la différence entre une chanson et un poème, c'est le degré d'alcool dans le sang durant l'écriture.

Brigitte : - Tu crois qu'il m'aurait suffi de quelques verres de Malibu pour devenir auteur de chansons ?

Delphine : - Il n'est peut-être pas trop tard !

Brigitte : - J'ai apporté un petit poème, je ne sais pas si j'oserai le montrer. Mon rêve c'était qu'il le chante dans son prochain album… Mais à présent que je sais qu'une chanson et un poème ça n'a rien à voir…

Odette : - Lâche-toi ma grande, qu'on te répondrait dans le métier… Lâchez prise ! Zen ma fille ! J'ai tout ce qu'il te faut à la cave ! Pour tous les prix, pour tous les stress… J'en ai même des caisses, des brouettes, des bonbonnes, des bonbons et même de l'écorce de platane, (*en souriant*) c'est terrible, c'était pas naturel, mon parachute s'est refermé.

Aurélie : - Boire ou ne pas boire, telle est la chanson !

Brigitte : - Non, pas des chansons à boire, de belles chansons romantiques comme Antonin.

On sonne !

Odette, *soudain totalement dégrisée* : - J'espère que c'est elle ! Que nous retrouvions un peu d'ordre !

Elle va ouvrir (sans regarder par la fenêtre).

Odette : - Géraldine ! Déjà ! Et Françoise, qu'avez-vous fait de Françoise ? Et Cécile ?

Géraldine : - Je suis en avance... Ça pose un problème ?

Odette : - Mais non, mais non, entrez, entrez charmante princesse, Odette avec un O et des... Bon, je ne suis pas un perroquet, (*en les montrant*) voici Aurélie, Brigitte, Delphine, Emilie.

Delphine : - Et après cinq minutes, tutoiement autorisé, imposé ; cinq minutes d'apprentissage et bienvenue dans la grande famille. Je sens qu'on va s'amuser !

Géraldine : - Oh ! La première guitare !... Momina serait en bave devant !...

Aurélie, *s'effondre dans le canapé, pour elle* : - J'avais rêvé d'autre chose ! A la télé, c'est toujours tellement magique le show-biz ! Un orchestre avec cordes, un serveur aux gants blancs, champagne, caviar... Et ça n'a rien à voir avec mes rêves.

Géraldine : - Avec un quart d'heure d'avance, j'imaginais arriver la première ! Puisque j'ai décidé de venir, après avoir hésité... j'ai reçu la lettre le 22 mars au facteur et trois heures plus tard le mail de Momina m'annonçait quelque chose de désagréable à m'apprendre. Désagréable, je ne m'étais pas trop inquiétée, elle m'écrivait toujours *mon Amour*.

Delphine : - Momina, c'est un pseudo du web branché ?

Géraldine : - Momina est un prénom fréquent en Afrique du nord. Désagréable ! Euphémisme africain ! Elle était depuis des semaines l'amante du cynique et manipulateur Carlo, dès qu'il était disponible, elle courait se vautrer dans ses draps, tandis que je l'attendais en toute confiance, d'un Amour absolu... enfin je ne vais pas vous raconter ma vie !

Delphine : - Je vais vous expliquer, pour éviter le syndrome du Perroquet à Odette : notre arrivée fut programmée avec un intervalle régulier... Mais alors que nous sommes toutes en avance, Céline et Françoise ont raté leur tour.

Odette : - Cécile et Françoise ! La mémoire des prénoms est essentielle dans le show-biz !

Brigitte : - Peut-être seront-elles tout simplement à l'heure !

Odette, *regardant sa montre* : - J'ai la désagréable mission de vous informer que pour Cécile cette perspective est déjà irréalisable.

On sonne !

Toutes : - Ah !

Odette : - Mais laquelle ?! (*elle va ouvrir*) Oh non ! (*elle referme la porte brusquement, s'appuie contre elle, en hurlant « venez m'aider, des blousons noirs » et referme à clé en poussant un très long « oufff » puis après quelques secondes :*) Des blousons noirs, c'est pas le public d'Antonin ! Des fous, je les reconnais, ils ont des regards de dingues et pas d'appareil photo.

Aurélie : - Fausse alerte ! Il en manque toujours deux !

Géraldine : - Si j'ai bien compris, je devais arriver la dernière.

Delphine : - De toute manière il était inutile de nous hâter : Antonin a disparu.

Géraldine : - Comment disparu ? Kidnappé ? Enlevé ? On ne l'a pas annoncé à la radio.

Brigitte : - Il est simplement injoignable.

Aurélie, *en souriant, pour elle* : - S'il avait été garagiste, on aurait pu imaginer qu'il a été appelé pour une urgence.

Emilie : - Ne vous inquiétez pas, il réapparaîtra quand vous ne penserez plus à lui (*elle s'assied*).

Brigitte : - Bonne idée ! (*elle s'assied aussi*)

Delphine, *s'asseyant aussi* : - Mais elle va me faire flipper, avec ses prédictions, ses intuitions ou je ne sais quoi ! Le pire, c'est quand ça se réalise. Elle m'avait affirmé : « *Ne te presse pas, ton chanteur préféré ne sera pas là.* »

Brigitte : - Vous trouvez pas qu'on n'y voit rien dans cette pièce ?

Odette, *en détachant fortement chaque syllabe* : - In-ti-mis-te !

Delphine : - Ça va Odette ?

Odette : - J'imite le maîîîîîîîîîîître.

Brigitte : - Oh la rime ! On se croirait chez Racine !

Le portable d'Odette sonne. Toutes, sauf Emilie, se relèvent.

Odette : - Quand on parle du poète on entend sa... on entend sa ?

Brigitte : - Sonnette !

Odette : - Bien Bri... gette ! Il est le seul à connaître ce numéro, il m'a remis ce nouveau portable hier...

Delphine, *à Emilie* : - Je crois que pour une fois tu t'es plantée...

Emilie : - Ne sois pas aussi optimiste !

Odette : - Je vous raconterai...

Odette, *en décrochant* : - Antonin ! (...) Bonjour madame (...) Ce n'est pas grave j'espère (...) Mais je fais quoi ?

(…) Et demain matin, avec les journalistes et le président du Conseil Régional ? (…) Bien madame.

Odette range son portable. Toutes la fixent.

Odette : - C'était sa vénérable et hystérique… historique épouse. Antonin ne pourra pas venir ce soir.

Un « oh » de déception générale. Sauf Emilie, souriante.

Odette : - Il y a bien une version officielle. Mais bon, je vous l'épargne. Comme si quelqu'un va croire une version officielle de madame.

Aurélie : - Les journalistes !

Odette : - Tu as tout compris !… Tu n'aurais pas un pied dans le show-biz ?

Aurélie : - Même pas un ongle.

Odette : - Un oncle te serait plus utile qu'un ongle… Mais Antonin sera là demain matin pour la photo souvenir et les télévions de caméras… les camés de tes visions… caméras de télévision.

Delphine : - On pourra au moins lui parler ?

Odette : - Rassurez-vous, il vous accordera l'intégralité du dimanche.

Aurélie : - Il faut retarder notre départ ?

Brigitte : - Mais moi je ne peux pas, mon train est à 10 heures 25. Quel drame !

Odette : - Une bonne nouvelle : j'ai l'autorisation de remonter de la cave sacrée quelques bouteilles de floc.

Delphine : - Du floc ?

Odette : - L'apéritif local. La renommée du sud-ouest. Personne ne connaît le floc ?

Géraldine : - Mais si au fait ! J'en ai bu une fois en vacances... Mais il ne faut pas exagérer, sinon on se met vite à dire et faire n'importe quoi !

Odette : - Floc et cacahouètes, ça promet les fillettes ! Parole d'Odette !

Rideau

Acte 2

Nombreuses bouteilles de floc vides sur la table. Les femmes assises. Lumières normales. Beuverie (sauf Emilie).

Régulièrement, jusqu'à la fin de la pièce, fuseront des exclamations, des paroles inaudibles (couvertes par la voix principale).

Odette : - Quand Odette boit, Odette dit n'importe quoi ! Ça c'est leur version officielle, dans le plus charmant des villages du sud-ouest, comme ils bavent à la télé quand l'Antonin est l'invité d'honneur.

Aurélie : - Pas tant d'honneurs que ça si j'ai bien tout suivi.

Odette : - Quand Odette boit, c'est comme si des portes à l'intérieur s'ouvraient. Je ne suis plus Odette secrétaire modèle (*toutes rient*). Odette secrétaire modèle condamne Odette cancanière. Et vice-versa !

Aurélie : - Cancanière, j'y crois pas ! Tu ne nous as même pas expliqué comment un tirage au sort pouvait sélectionner sept femmes distinguées et presque équilibrées quand des millions de francophones ont envoyé leur plus belle photo et leur classement des plus belles chansons du millénaire.

Odette : - C'est même pas son idée à lui ! C'était avant, du temps où il présidait une autre association, où il dirigeait « Woodstock du Sud-Ouest » ! C'est le coordinateur de cette grande usine à subventions qui lui a refilé l'idée. (*Odette se tait et devient sombre*)

Emilie, *doucement* : - L'idée…

Odette : - Parce que l'Antonin en avait marre : à chaque fois qu'une gamine lui ouvrait sa porte, il devait promettre de la prendre comme choriste, ou en première partie d'un concert. Je dis une gamine, on les sélectionnait 18-25 ans, sur photo naturellement !

Aurélie : - Forcément !

Odette : - Jamais moins de 18 ans, c'était une règle écrite dans le platane.

Aurélie : - Le marbre !

Odette : - T'es pas du sud-ouest, toi ! Ici, c'est le platane ou la pierre. Mais la pierre, ça casse la lame du couteau ! 18 ans, j'ai dit ! J'étais stricte là-dessus. Y'a bien eu une exception, mais la chanteuse avait falsifié sa carte d'identité, dans ce cas-là, on assume.

Aurélie : - Elle voulait simplement être chanteuse.

Odette : - Quand on fraude, on assume ! Elle assumait la brunette ! Whaou ! ça déménageait ! Si elle réussit elle pourra écrire un best seller « ma méthode pour percer. »

Géraldine : - On a compris. Pas besoin d'un livre, une phrase suffit. Momina pourrait lui donner des conseils.

Odette : - S'il le faut, j'irai la tête haute en prison ! Bref... J'étais stricte là-dessus, 18 ans. Si l'état autorise 15 ans, pour moi, no problème, mais l'état a dit, donc Odette est stricte. La loi, c'est la loi. Je voulais pas retrouver l'Antonin traité comme un vulgaire... Comme un vulgaire... Depuis qu'un nom ne protège même plus des petits juges et leur acharnement à se payer le scalp d'une star. En Asie, le « french singer » faisait ce qu'il voulait, Odette n'allait jamais en Asie. Mais en France non, je ne veux pas devenir complice. En Asie, si tu veux, mais pas ici, Odette a des principes, sinon Odette démissionne !... Et réclame une augmentation pour revenir !

Emilie, *doucement* : - Qu'il la prendrait comme choriste...

Odette : - Alors ça créait un tas d'embrouilles, parce que l'Antonin, il a remplacé les choristes par des synthétiseurs.

Aurélie : - Forcément !

Odette : - Vous voulez savoir pourquoi ?

Aurélie : - Forcément !

Odette : - Personne ne devine ?

Delphine : - C'est moins lourd !

31

Géraldine : - C'est jamais en retard ? Pas comme les africaines !

Odette : - Madame a décrété, « *ça coûte moins cher* », alors monsieur a cédé. Madame en avait marre des ragots et madame est jalouse. Mais moi ça ne me gênait pas qu'on prenne toutes et tous la même chambre ! Pour une fois qu'on faisait des économies ! Elle n'est jamais contente ! Nous étions jeunes ! Et jeunesse a beaucoup de tendresses les soirs de concerts.

Delphine : - Ça j'en suis certaine, ce n'est pas écrit dans sa biographie, n'est-ce pas Aurélie !

Géraldine : - La vérité personne ne l'écrit, c'est comme cette histoire entre Carlo le salaud et Momina. Africaine aussi a besoin de beaucoup tendresses quand elle passe trois mois en Ethiopie loin de son Amour.

Aurélie : - Forcément !

Géraldine : - Non pas forcément ! Quand on aime on sait attendre dans la dignité. On ne se lance pas dans la danse du vagin dès l'aéroport.

Aurélie : - Je répondais à Delphine.

Odette : - Et pour ses premières parties, en ce temps-là, il trouvait toujours des fils ou des filles à papa prêts à lui refiler de l'oseille pour avoir l'honneur de figurer sur la même affiche. L'oseille c'est une image. Madame tient les cordons de la bourse. La bourse du ménage et la bourse des voyages.

Aurélie : - T'exagères ! Il a la main sur le cœur !

Odette : - Mais le moteur de sa vie est ailleurs.

Aurélie : - T'exagères ! J'ai déjà entendu une chanteuse enthousiaste, elle jurait que faire la première partie d'Antonin, c'est extra, il donne des super conseils.

Odette : - Sûrement une qui avait ses raisons de parler ainsi ! Elle pourra écrire un livre aussi !

Delphine : - Mais j'ai rien compris à ton histoire. Tu devais nous expliquer pourquoi nous sommes là !

Odette : - J'y viens, j'y viens, mais sans l'historique, tu vas rien piger ma vieille.

Delphine : - Je pourrais être ta fille !

Odette : - Sois pas désagréable !

Aurélie : - Forcément !

Odette : - Odette comprend tout ! Tout !

Emilie, *doucement* : - Antonin...

Odette : - Oui, l'Antonin était encore un chanteur à disques d'or en ce temps-là.

Aurélie : - Il l'est encore ! J'ai lu dans...

Odette : - Si vous m'interrompez à chaque fois, les portes vont se refermer.

Toutes : - On t'écoute !

Odette : - Donc, c'est Jef (*elle se signe*) paix à son âme s'il en avait une, ce vieux roudoudou ! C'est lui qui lui a soufflé « *Tu devrais sélectionner des fans plutôt que des chanteuses.* » (*Odette sourit*)

Delphine : - Alors ? On voudrait rire aussi !

Odette : - Les fans sont encore plus connes que les chanteuses.

Brigitte : - Ça ne nous fait pas rire.

Odette : - Qu'il a répondu Antonin.

Aurélie : - Le con !

Odette : - C'est notre Antonin adoré, qui a répondu « *les fans sont encore plus connes que les chanteuses.* » Je vous rassure, il me considère moins secrétaire que fan.

Aurélie : - Tu ne lui as jamais mis trois claques ?

Odette : - Il les a eues... (*Odette devient sombre*) Mais rien, là vous ne saurez rien, vous ne saurez rien de ma vie privée. C'est entre lui et moi, cette histoire, c'est ma vie privée (*proche de pleurer, silence*). Sa première guitare, vous pouvez regarder le mur, vous ne la verrez pas !... Je lui ai fracassée sur la tête. Celle-là, c'est même pas la deuxième. La deuxième, c'est sa femme qui s'en est

chargée. Tête à guitare qu'on l'a appelé durant des mois !
Il l'avait bien mérité.

Aurélie : - Le con !

Odette, *se reprenant* : - Mais c'était y'a si longtemps ! Ha ! Y'a contraception (*troublée*), conscription, prescription. Il lui reste une cicatrice sur la tête. J'ai frappé plus fort que sa femme. Il n'avait pas encore de moumoute !

Aurélie : - Quoi, Antonin est chauve ! Il a une perruque !

Odette : - Les portes vont se refermer !

Emilie : - Antonin a dit...

Odette : - Et l'année dernière, à l'enterrement de Jef, il m'a bredouillé. Il avait la larme à l'œil... Je suis certaine qu'il avait coupé des oignons avant ! C'est bien son style !

Aurélie : - Forcément !

Géraldine : - Mais non pas forcément ! On croirait entendre Momina et son « d'accord », elle te le sert à toutes les sauces et pour lui ce fut la totale : d'accord Carlo je viens chez toi en toute amitié, d'accord Carlo je n'en parle pas à Géraldine, d'accord, elle ne pourrait pas comprendre notre merveilleuse fantastique et unique amitié, d'accord Carlo on se déshabille en toute amitié, d'accord Carlo caresse-moi amicalement, d'accord Carlo mais entre doucement, d'accord Carlo tu passes me prendre dès que tu as une nuit de libre...

Odette : - On la laisse tomber, une femme bête au point de coucher avec Carlo le crapaud !

Aurélie : - Carlo le crapaud ! Quel talent de la formule !

Emilie : - L'enterrement...

Odette : - Il m'a bredouillé : « c'est con, tu vois, j'ai pas eu le temps, j'ai pas eu le temps de lui dire que son idée de sélectionner des fans plutôt que de la chair à sacem, son idée, à lui, à lui qui ne sera plus là pour me couvrir devant ma femme, son idée géniale, j'en ai touché trois mots au président du Conseil Régional, et il nous subventionne, forcément ! Tu te rends compte, il saura jamais que son idée, le monde entier va la connaître…»

Aurélie : - Mais c'était pas le règlement, sélectionner des femmes ! Les hommes pouvaient participer.

Delphine : - Y'a même eu un tirage au sort devant les caméras.

Odette : - Si vous croyez les règlements et les films, vous êtes mal parties les filles.

Delphine : - Magouilles ici comme partout.

Aurélie : - Forcément ! Si je vous racontais comment ça se passe dans mon entreprise !

Odette : - C'est moi qui tenais le caméscope ! Et sa fille a réalisé le montage, les coupures et tout, elle suit des études de cinéma, sa fille aînée, dans l'école la plus chère du pays forcément ! Et la télévision a été bien contente de pouvoir diffuser un reportage sans devoir se déplacer ! Et même gratuitement ! Enfin, quel beau voyage ils m'offrent en Martinique le mois prochain !

Géraldine : - Tu m'emmènes ?

Odette : - J'ai trois places… Tu me donnes combien ?

Géraldine : - Tu as des places gratuites et tu les revends !

Odette : - Forcément ! N'est-ce pas Aurélie, tout le monde se débrouille, forcément !

Aurélie : - Y'a eu de la magouille !?

Odette : - Une stagiaire a réalisé un premier tri : les hommes d'un côté, les femmes de l'autre. Les hommes au fond, les femmes au-dessus. Après il a fallu que je revoie toutes vos photos pour ne retenir que des « magnifiques femmes dont le prénom commence par les sept premières lettres de l'alphabet, A, B, C, D, E, F, G. »

Aurélie : - A comme Aurélie !

Brigitte : - B comme Brigitte !

Delphine : - Et pourquoi ?

Odette : - A cause de sa mémoire ! Aurélie au lit, Brigitte me prend la… (*éclate d'un rire nerveux*)

Delphine : - C'était une rime pauvre ? *(toutes rient sauf Brigitte vexée)*

Aurélie : - Alors c'est vrai, quand il chante, il utilise un prompteur ?

Odette : - Comment tu sais ça, toi ?

Aurélie : - Tu me l'as glissé tout à l'heure... juste après avoir glissé !

Odette : - Pas possible ! Quand Odette est saoule, elle se souvient de tout, à la virgule près. Et elle s'en souvient même après, alors elle s'enferme pendant quinze jours pour ne pas voir les catastrophes.

Aurélie : - Quand tu étais à jeun, quand je suis arrivée.

Odette : - Je ne suis pas responsable des propos d'Odette à jeun. Même pas coupable.

Géraldine : - Alors nous avons été choisies pour notre prénom et notre physique !

Odette : - Tu as tout compris ma belle !

Géraldine: - C'est plutôt un beau compliment.

Delphine : - Dire que ma mère a hésité entre Delphine et Rosalie !

Brigitte : - Oh ! Si mon mari savait ça ! Il a même envoyé une photo retouchée par Photoshop avec un sourire très Antonin. Il avait noté uniquement des chansons d'Antonin dans son classement des plus belles chansons du millénaire ! J'avais même corrigé ses fautes ! Il est fan encore plus que moi.

Aurélie : - Attends, attends, je commence à comprendre...

Brigitte : - Tu comprends quoi ?

Aurélie : - Nous étions convoquées à vingt minutes d'intervalle !

Odette : - Cinq minutes de présentation et le reste, déshabillage et rhabillage compris, le reste tient en un quart d'heure. Chrono en main, on a répété !

Toutes : - Oh !

Odette : - Après, ouste dans la salle de répétition, au piano

si tu veux, la pièce est insonorisée, place à la suivante !
Comme au service militaire !

Delphine : - Le vieux roudoudou !

Brigitte : - Je suis choquée ! Comment a-t-il pu croire !
J'ai beau être fan, je sais rester digne. Il me déçoit.

Odette : - Aurélie au lit !... Je vous rassure, il avait prévu
sa boîte de Viagra !

Toutes : - Oh !

Géraldine : - Pas de chance pour lui je préfère les filles !
Mais bon, pour faire payer à Momina de s'être tapé Carlo,
pourquoi pas après tout ! 20 minutes aussi je croyais
quand elle m'a avoué « *on s'est laissé submerger un
soir.* » Mais c'était la version une, aujourd'hui on en est à
quatre nuits passées entièrement nue dans son pieu et pas
pour dormir, elle n'emmenait pas de livre alors que chaque
soir je devais me taper une heure de lumière après le p'tit
câlin. Monsieur était un professionnel de la mise en
condition, « *je lui ai bien rendu sa tendresse, ses
caresses.* » Il la chauffait avant de la consommer. Et pas
au micro-onde ! Excusez-moi, je crois que je vais pas
bien.

Aurélie : - Pauvre Géraldine ! Un mec aussi m'a fait ça...
La dignité doit être rare, tout fini peut-être en mensonges
et trahisons...

Brigitte : - Ne me démoralisez pas ! Jamais je n'ai trompé
mon mari et je n'en ressens aucun héroïsme, je l'Aime
comme il m'Aime.

Géraldine : - Heureusement qu'il y a du floc pour
oublier ! Et elle voudrait que j'arrête l'alcool !

Aurélie: - Ça te fait aussi mal que si un mec t'avait
trompée.

Géraldine : - Une Géraldine peut être cocue aussi ! Elle
m'avait pourtant affirmé « *t'inquiète pas, tout va bien se
passer* », quand elle est partie en septembre. En plus elle
est revenue en décembre avec la carte de ce type dans sa

poche, tu te rends compte elle m'embrassait avec la carte de ce type dans sa poche, elle lui avait donné son téléphone d'Addis et son mail, comme une petite salope immature et impatiente d'être invitée au restaurant, une cocotte qui veut juste que le type fasse semblant de croire en sa vertu quelques minutes...

Odette : - Une cocotte-minute !

Géraldine : - Une cocotte qui veut qu'on lui donne sa dose de montée d'adrénaline et la fasse tomber dans les règles établies de la drague entre dépravés soucieux de s'afficher dignes et honnêtes. Je lui avais même parlé de se pacser malgré sa famille qui ne veut pas entendre parler de moi.

On sonne !

Odette : - Quand on parle du loup on entend... (*elle se lève, titube, va ouvrir*)

Brigitte : - Son glouglou !

Aurélie : - Il sera des nôtres !

Géraldine : - Je ne bois pas par passion mais pour nettoyer la souillure qu'elle a ramenée en France !

Odette : - Cécile, Sainte Cécile du samedi soir sur le floc, Cécile que nous attendions toutes, Cécile, responsable du premier désordre. On s'embrasse !

Cécile se laisse faire, observe, intriguée.

Odette : - Mais entre, mais entre, tu es des nôtres !

Cécile : - Je suis lauréate...

Delphine : - Mais nous aussi, qui plus est, nous avons vidé quelques bouteilles, et il t'en reste ! Du floc du sud-ouest ! Les frais généraux sont généreux.

Aurélie : - Mais ça dégénère.

Delphine, *en riant* : - Pourtant la nuit même les cellules grises se régénèrent !

Brigitte : - Antonin s'est volatilisé !

Emilie : - Antonin s'envolera !

Delphine : - Il va lui pousser des ailes ?

Emilie : - Comme dans une chanson de Barbara !

Delphine : - Tu me fais peur !

Odette, *jouant la grande dame* : - Mais que t'est-il donc arrivé, chère amie ?

Cécile : - Une crevaison.

Odette : - Et ça t'a mise autant en retard !

Cécile : - J'ai appelé les renseignements mais les garagistes du coin étaient tous sur répondeur. Durant des heures, les seuls types qui se sont arrêtés me proposaient d'appeler une remorqueuse et de m'héberger la nuit. Des types vulgaires, qui ne savent même pas qu'une femme doit se mériter.

Odette : - Quand on veut conduire une voiture, il faut suivre la formation « changement de roues ». Antonin me paye toujours le taxi, sur ça, y'a rien à lui reprocher.

Cécile : - Et c'est un camionneur qui me l'a changée. J'avais des préjugés défavorables sur les camionneurs, j'avais tort. Un gentlemen : il a fait le boulot sans un mot. Un ange !

Aurélie : - Tu es encore aux anges, à voir !

Cécile : - Un merveilleux souvenir ! Dans ma situation, aucune femme n'aurait pu résister ! Un sourire à la Cantona ! J'en avais les larmes aux yeux ! Quelle émotion ! Avec des petites intonations italiennes : « *si mademoiselle a cinq minutes, nous pouvons discuter paisiblement dans la cabine, bien au chaud.* »

Delphine : - C'est pas clair ton histoire, ça n'arrive plus, crever une roue, c'était au Moyen-Âge !

Aurélie : - Y'avait pas de voitures, au Moyen-Âge, ma vieille.

Cécile : - Je suis une victime de manifestations estudiantines. Hier ils ont balancé des bouteilles sur les CRS.

Aurélie : - Alors il faut qu'on trinque !

Delphine : - Vides, j'espère. Ils ne seraient quand même

pas fous… Enfin, ils sont tellement riches les manifestants d'aujourd'hui, qu'un jour ils balanceront des bouteilles de Dom Pérignon. Juste pour narguer les journalistes stagiaires ! Et montrer qu'en France, non seulement on a les moyens de manifester, mais en plus une certaine élégance.

Aurélie : - C'est bizarre, j'avais eu la même idée quand les chanteurs ont manifesté contre le téléchargement gratuit de la musique sur internet.

Brigitte : - Je me souviens. Mais j'ai oublié son nom, à ce chanteur qui tendait son joint aux CRS. Il paraît que cette photo, ça lui a rapporté un max de blé, ses ventes ont redécollé, encore plus que Gainsbourg quand il avait brûlé un gros billet à la télé.

Delphine : - C'est qui Gazbourg ?

Odette : - Antonin aussi a réussi un super bon plan média : avec Jef, nous avions organisé une super manif. Forcément spontanée ! On avait déplacé une de nos célèbres rencontres interprofessionnelles de la chanson française de qualité. Ils nous en avaient voulu les parigots, quand le 20 heures avait ouvert par un duplex avec le merveilleux petit village du sud-ouest « *où il y a ce soir plus de manifestants que d'habitants habituellement.* »

Delphine : - Mais pourquoi ont-elles cessé, ces rencontres ? Je me souviens, j'avais vu un reportage à la télé.

Aurélie : - C'est écrit dans sa dernière biographie : « *le monde de la chanson regrette que ce haut lieu de la formation, de la création, ait dû fermer, à cause de campagnes de presse scandaleuses, inacceptables.* »

Odette : - On nous a reproché nos subventions ! Trop d'argent dilapidé ! Pourtant, qu'est-ce qu'on se prenait comme bon temps avec Jef, on s'en est payé de super vacances sur le dos des subventions !

Aurélie : - C'était donc magouilles !

Odette : - Retire ce mot, sinon je range le floc ! Le monde de la chanson a ses traditions. Et la Cour des Comptes ferait mieux…

Aurélie : - Je n'ai rien dit !

Cécile : - Je peux poser une question ?

Delphine : - Je te répondrai si Odette nous a déjà confié le secret.

Cécile : - Ça se passe comment, ces vingt-quatre heures ?

Delphine : - Du floc, du floc et quelques bouteilles sans étiquette. Distillation secrète ! Une chambre personnelle dont le numéro correspond à l'ordre alphabétique A1, B2, C3, donc Cécile 3, et demain Antonin pour les photos, les télés, le discours tant attendu du président du Conseil Régional. Et comme ça fait cinq minutes, tu peux poser ton sac, nous tutoyer, et venir trinquer…

Cécile s'avance, encore timide.

Emilie : - Ne t'inquiète pas, tu n'es pas obligée de boire ! Observer peut être très instructif !

Aurélie : - Pourquoi elle ne rattraperait pas son retard ?

Cécile : - Il est vrai que j'ai un petit creux. Avec toutes ces aventures, je n'ai pas même pris le temps de m'arrêter au restaurant, j'ai foncé.

Delphine : - Des cacahouètes bien salées vont te donner soif !

Cécile : - Je meurs de soif ! (*elle pose son sac et s'assied*)

Odette : - Pauvre Antonin ! Vous pourriez quand même respecter sa mémoire, arrêter de picoler cinq minutes !

Delphine : - Il n'est pas mort, ton champion, juste cloîtré !

Odette : - Cloîtré, tu as trouvé le mot juste ma belle. Elle est tellement jalouse sa femme ! Et elle a tout deviné.

Géraldine : - Jalouse, je ne l'étais même pas. J'avais une totale confiance. Mais loin des yeux loin du cœur. Loin des yeux près de son pieu. Pour moi aussi, comme pour les autres.

41

Odette : - Y'avait pas besoin d'être une lumière pour comprendre. Elle est passée la semaine dernière, elle a feuilleté le dossier. Je l'avais pourtant caché. Et elle n'a pas pu se retenir de remarquer « *bizarre, quand même, sept femmes, en plus fraîches et mignonnes.* »

Delphine : - Elle n'a pas regardé le reportage télé ?

Odette : - Pauvre Antonin ! Il s'est sacrifié pour qu'elle ne le voit pas : devoir conjugal ! Il l'a honorée durant une heure comme une femme désirable.

Aurélie : - Elle a pourtant les moyens de se payer un peu de chirurgie esthétique !

Odette : - Au village, on la surnomme « la Jacksonnette », tellement elle est siliconée.

Aurélie : - C'est pourtant pas écrit dans les biographies.

Emilie : - Mais tu crois vraiment aux biographies !

Aurélie : - Tu ferais mieux de boire !

Odette : - Pauvre Antonin ! Il doit fixer sa vallée illuminée de lampes solaires. Tout ça parce que sa Jacinthe a réussi à le persuader que briser son image de dernier romantique serait catastrophique. L'homme qui n'a aimé qu'une femme ! Et il chante les fleurs ! Jure sur le cœur qu'elle lui inspire toutes ses chansons. Comme c'est triste, une idole non maquillée !

Cécile : - Oh ! La première guitare du maître !

Delphine : - C'est pas sa première guitare. Sa première, Odette la lui a fracassée sur la tête. Et elle a eu bien raison. S'il était là devant moi, il s'en prendrait une troisième.

Odette : - Delph, je t'interdis de colporter de tels ragots, c'est sa première guitare, point à la ligne.

Brigitte : - Comme elle est belle la première guitare du maître !

Géraldine : - T'es sourde ou tu ne tiens pas l'alcool ?! La première, Odette la lui a fracassée sur la tête. S'il débarque, il s'en prend une autre.

Odette : - Géraldine ! Même toi si belle et si douce, je vais devoir te priver de floc si ça continue ! Je t'interdis de colporter de tels ragots, c'est sa première guitare, point à la ligne.

Géraldine : - Si j'en avais la force ! J'ai même pas réussi à lui mettre trois gifles à cette Momina qui n'a même pas pleuré en avouant son indignité !

Rideau

Acte 3

Suite beuverie. On sonne.

Odette : - Mon Dieu ! Qui cela peut-il bien être !

Cécile : - Il en manque une, c'est donc elle !

Odette *compte* : - 1, 2, 3, 4, 5, 6, 7 (*elle se compte en septième*). Sept, le compte est bon.

Aurélie : - Sept moins un ?

Odette : - Six, à quoi tu joues ?

Aurélie : - Tu n'as pas gagné, tu es l'hôtesse ! Avec un O comme O...

Delphine : - Tocard !

Odette : - Tocard ?

Delphine : - Autocar, l'autocar est arrivé sans se presser. Un autocar à roulettes. Et s'il n'en reste qu'une ce sera la dernière, et la septième va décoller les étiquettes.

Odette : - Qui va là ?

Géraldine : - Cachez les bouteilles !

Cécile : - J'aurais pas dû rattraper mon retard.

On sonne de nouveau.

Odette, *se lève, se précipite, ouvre difficilement (la porte est fermée à clé)* : - Oh ! (*elle se tient à la porte*) Monsieur le commissaire ! (*elle sort et referme la porte*)

Géraldine : - Il est arrivé quelque chose à notre Antonin !

Aurélie : - Tu crois qu'ils l'ont retrouvé noyé dans le lac ?

Cécile : - Ecrasé par une de ses autruches !

Delphine : - Il s'est suicidé !

Géraldine : - Mort comme Félix Faure, dans les bras d'une courtisane.

Brigitte : - Si c'est ça on va passer à la télé !

Aurélie : - T'aurais pas honte de profiter de sa mort pour réciter ton poème au journal de TF1.

Brigitte : - J'y avais pas pensé ! Mais si les journalistes m'interrogent je leur annonce une exclusivité mondiale.

Aurélie : - Du genre il m'a téléphoné hier pour me demander l'autorisation de mettre ce texte dans son prochain album !

Brigitte : - J'y avais pas pensé ! Tu travaillerais pas dans la pub ?

Géraldine : - C'est ce connard de Carlo qui travaille dans le marketing pour l'Union Européenne à Addis-Abeba, et il ne pouvait pas se contenter de Sophie, ouais Sophie, l'instit, il a fallu qu'il se tape une princesse black. Monsieur distingué s'offrait une blanche les jours pairs et une noire les jours impairs. Il faudrait que j'oublie ! Ce n'est qu'une petite erreur ! Trahir et mentir durant des mois, on en fait tous des erreurs !

Brigitte : - Tu penses à tes histoires de... de... alors qu'Antonin est peut-être raide !

Géraldine : - Excusez-moi, je vais pas bien.

Cécile : - La fidélité peut s'agrémenter d'un peu de piment ! Une aventure de temps en temps ressoude le couple !

Aurélie : - Enfin raide, les femmes diront devant son cercueil !...

Brigitte : - Oh !

Aurélie : - Bin oui, enfin raide naturellement, diront celles qui savent qu'il prenait du viagra !

Géraldine: - C'est ce connard de Carlo qui prend du viagra.

Odette rentre.

Toutes : - Alors ?

Odette : - Rien ! Juste un gendarme ! Il a eu un appel d'une lauréate, une certaine Cécile, qui serait en retard !

Cécile : - Exact, j'avais téléphoné au commissariat !

Odette : - L'escroc, pour le service il m'a demandé une

petite gâterie. Je n'ai pas pu lui refuser, c'est presque mon vagin, oups mon voisin ! il a vingt-deux ans ! C'est une mode venue d'Angleterre, paraît-il, les femmes mûres dévoreuses de jeunes hommes. Et sa femme est une amie.

Géraldine : - Il en a eu aussi des gâteries, son baratineur d'aéroport, alors qu'elle m'écrivait encore « *tu me manques.* » Pourtant il avait presque trois fois vingt-deux ans !

Brigitte : - Ah ! donc tout va bien, ça m'a donné une de ces peurs ! Faut que je me vide ! (*elle se lève et sort vers la porte à l'opposée de celle d'entrée*)

Géraldine : - En tout cas, les vieux croûtons dévoreurs de chair fraîche, ça doit être universel, pas seulement pour les fonctionnaires italiens en poste en Ethiopie.

Cécile : - Ça manque d'hommes cette soirée ! Tu aurais pu me le présenter ! Pour une fois que je suis loin de mon mari !

Aurélie : - Même durant ma procédure de divorce, je n'aurais jamais osé être aussi directe !

Cécile : - Y'a des opportunités, il faudrait être folle de les louper ! Je suis une femme fidèle, amoureuse mais moderne et réaliste ! Dans certaines circonstances, les hormones ont leurs exigences.

Delphine : - Revoilà la théorie « tout n'est que réactions hormonales ! » Exit conscience, dignité et cohérence, dirait notre Brigitte la vertu !

Odette : - On ne peut pas lui donner tort, ni lui en vouloir. Il fut d'une tendresse touchante, pas une parole ni un geste obscène. Il sait que dans le show-biz on a la tendresse facile.

Géraldine : - Comme sous le soleil d'Addis ! On va au restau et on prend le dessert jusqu'à sept heures du mat, vas-y pépère, profites-en, reprends de la figue, je suis à toi. Géraldine, Géraldine, tu me manques on écrit dans les mails mais on s'emmêle sans état d'âme. Elle m'a aussi baratinée avec ses hormones.

Aurélie : - Alors c'est vrai, c'est un milieu guère fréquentable, le show-biz ?

Odette : - On y vieillit vite : regarde-moi, j'avais 17 ans, et je ne les ai plus.

Aurélie : - Je te rassure, ça arrive aussi chez les comptables !

Odette : - Peut-être, mais elles ne s'en aperçoivent pas !

Aurélie, *à Delphine* : - Faut pas essayer de comprendre, Odette est gasconne.

Géraldine : - Franchement, ça fait au moins trois jours que j'ai arrêté d'essayer de comprendre ce qui se passe ici !

Aurélie : - Tu étais où y'a trois jours ?

Odette : - Moi, parfois, j'ai bien l'impression qu'une journée tient en trois secondes. Le contraire peut donc arriver aussi.

Géraldine : - À une époque on mettait le temps en bouteilles et parfois il en sortait un ogre, parfois il en sortait...

On sonne. Un bond général.

Aurélie : - Là c'est le retour des blousons noirs ! Où j'ai mis ma bombe lacrymogène ? (*elle fouille dans ses poches*)

Odette : - Silence les filles, quand le chasseur arrive, les biches se cachent.

Delphine, *plus bas* : - Tu es allée voir Bambi au cinéma ?

Cécile : - Et on fait quoi ?

Odette : - Rassurez-vous, j'ai refermé à clé.

Nouvelle sonnerie.

Voix féminine du dehors (*uniquement les derniers mots compréhensibles*) : - ... Ouvrez-moi !

Odette : - Sa femme ! C'est la fin du monde ! (*elle se signe, vide le fond de son verre*)

Delphine : - Entre femmes, on saura se comprendre.

Cécile : - Après tout, nous n'y sommes pour rien. Leurs histoires de couple ne regardent que les journaux.

Odette, *se lamente* : - Virée, virée sans indemnités ! Je l'avais bien pressenti, et sur qui ça va retomber, sur Bambi... sur bibi... Elle me paiera mes indemnités, sinon j'en ai à raconter ! Même si elle vient avec un huissier pour m'accuser d'avoir outrepassé les termes de mon contrat ! Elle ne m'a jamais aimée, la garce ! Je n'y peux rien si son mec a un faible pour moi ! Je n'y peux rien si sa star de mari en pince pour mes cuisses !

La voix du dehors : - (*quelques mots incompréhensibles, puis*) C'est Brigitte !

Odette : - Brigitte, Brigitte ? Je ne connais pas de Brigitte.

Delphine : - Elle veut nous embrouiller, c'est une ruse de pêcheur, de chasseur.

Géraldine : - Y'a des femmes chez les blousons noirs.

Aurélie : - Deux ! B 2 !

Cécile : - Touché ? Coulé ? Mais où est le plan de la bataille navale ?

Delphine : - Les avions, ce sont des F16, je le sais, mon cousin...

Aurélie : - A 1 Aurélie, B 2 Brigitte !

Odette, *euphorique* : - Ah Brigitte ! Elle est sortie d'un côté, elle rentre de l'autre ! Je vous le disais bien que c'était pas sa fêlée, sa femme !

Brigitte : - ... Ouvrez, je me suis égarée...

Odette : - Je sais, je sais ! Mais j'ai quand même le temps de me lever ! Je suis en heures sups ! Je vais lui demander une prime de risques à l'Antonin.

Odette se lève, titube jusqu'à la porte et ouvre finalement.
Brigitte rentre.

Brigitte : - Je suis désolée de vous avoir alarmées. J'ai dû ouvrir la porte qu'il ne fallait pas en sortant des toilettes. Je suis confuse.

Aurélie : - Pourtant tu dois commencer à connaître le chemin !

Odette : - La nuit sera chaude !

Delphine : - Chaude !

Odette : - Il va me les payer mes heures sups !

Delphine : - En floc !

Odette : - Je ne suis pas du genre à tout déballer dans les journaux ni à demander d'être choriste ! Mais l'argent du travail, c'est sacré. Toute peine mérite salaire. Combien de fois je me suis levée ce soir !

Aurélie : - Et n'oublie pas de facturer les descentes à la cave !

Odette : - Parfaitement ! Et comme la chaudière est lancée, la nuit sera chaude ! (*plus discrètement, à Géraldine près de qui elle s'assied :*) Ça fait bien longtemps que je n'ai pas eu envie de faire un câlin avec une femme, mais faut que je te l'avoue, depuis que tu es arrivée je suis déstabilisée, y'a un truc en toi qui m'appelle et me fait vibrer. Je ne suis pas du genre à m'échauffer rapidement mais là, tu vois, je ne vais même pas te faire la grande scène de l'amitié... je te désire...

Géraldine : - Si tu insistes aussi gentiment...

Odette lui caresse les cheveux, le dos... Toutes les observent plus ou moins discrètement.

Odette : - Si nous étions seules... j'oserais même passer une main en dessous...

Géraldine : - Si en plus tu m'offres un séjour à la Martinique...

Odette : - Tu passes vite de l'envie d'un peu de tendresse

à l'envie d'une grande dynamique, d'une vraie liaison…
Je dis pas non, les mecs sont tellement décevants.

Géraldine : - Et pourtant cette conne de Momina s'est laissée entuber. Elle avait besoin d'affection !

Odette : - Pense plus à elle ma belle, profite du temps présent en toute sincérité, en toute passion.

Géraldine : - Je me rappelle très bien, très très bien, de choses très bonnes, plus que bonnes… et je sais qu'elle m'Aime de nouveau…

Odette : - Tu vas en connaître d'autres.

Géraldine : - Elle voudrait presque mes chaleureuses félicitations : elle ne m'a pas trahi avec son gardien ni son chauffeur mais avec un dandy distingué au sourire enjôleur ! Un monsieur ! Un sophiste oui, un être fondamentalement mauvais, vide, prétentieux, né avec une cuillère en argent dans la bouche, vide malgré ses prétentions à la voie de la sagesse avec des séjours de prétendues retraites dans des monastères.

Odette : - C'est fini, ma princesse.

Géraldine : - Son petit trésor excisé… et elle l'a laissé souiller, elle le regrette à peine en plus, elle sait juste marmonner « *désolée, je croyais qu'on allait se quitter, je croyais que tu ne m'aimais plus vraiment, je croyais ne plus t'aimer à ce point, je croyais qu'on allait se séparer… désolée, il m'a déstabilisée, ça ne m'était jamais arrivé, j'ai été submergée, j'avais des douleurs atroces au ventre mais j'y allais… désolée…*»

Odette : - Ma princesse. (*elle la caresse de plus en plus*)

Aurélie : - Je crois qu'on va terminer la soirée sans notre cheftaine.

Brigitte : - C'est dommage de se scinder comme ça. On formait un bon groupe.

Aurélie : - La vertu n'est pas une notion universelle.

Brigitte : - Je me demande souvent quel plaisir les gens trouvent dans la trahison ?

Aurélie : - Si on se met à philosopher, on va finir par pleurer.

Delphine : - Qu'est-ce qu'on pourrait faire d'original maintenant qu'on a trop bu ?

Cécile : - Chanter au pays de la chanson !

Géraldine : - Elle avait des choses désagréables à m'apprendre, qu'elle écrivait dans ses mails.

Odette : - C'est du passé ma princesse, sois dans l'instant présent, vis ce moment privilégié avec passion. Nous sommes ensemble en toute sincérité. Vas-y, souris. Tu ne souris pas assez.

Géraldine : - Il l'appelait princesse et elle a passé quatre nuits nue dans son pieu à ce salaud et à sept heures du matin, avant d'aller occuper son poste d'inutile privilégié buvant le sang de l'Afrique, il descendait sa conquête chez elle, son escort girl quasi gratuite, et elle s'empressait de m'écrire un mail anodin. Elle a même envisagé de faire sa vie avec, durant quelques jours. Mais pour lui elle n'était qu'une aventure de passage, une couleur locale à consommer, et elle aurait voulu qu'il reste son ami de cœur, et en plus me l'imposer. Ami de cœur, elle a osé m'écrire depuis !

Odette : - C'est fini tout cela, on s'est rencontrés et le monde s'est éclairci.

Brigitte : - On va chanter !

Aurélie : - Allez, sort ton merveilleux poème destiné au prochain album d'Antonin.

Brigitte : - Tu crois que je peux oser ?

Aurélie : - On aura au moins fini la soirée dignement.

Emilie : - Dormir pour être en forme demain ! La première levée touchera le jackpot !

51

Delphine : - T'es vraiment voyante ?

Brigitte, *à Aurélie* : - Oui, tu as raison, la dignité est de notre côté (*elle sort une feuille, la pose entre Aurélie et Emilie*) tenez, je la connais par cœur.

Elles entonnent, le plus mal possible, « Qu'une fois »...

On parle de l'Amour
Qui ne serait plus
Qu'une vulgaire chasse à courre
Un jeu pratiqué nu
On joue à l'amour

On dit grand amour
Quand on a trop bu
Ou qu'on reste plus d'huit jours
En étant convaincu
Que c'est pour toujours (*Odette se lève, tend la main droite à Géraldine qui la prend, se lève aussi, elles sortent main dans la main durant le refrain*)

Mais les rues sont pleines
De gens qui comme moi
N'ont dit qu'une fois
« Tu sais, je t'aime »

Rideau – FIN

Vous souhaitez jouer cette pièce ? Rendez-vous sur http://www.ternoise.fr

Ça magouille aux assurances

Sujet : En ce temps-là, au début des années 1990, le tabac régnait dans la société française. Néanmoins, Clara, la cafetière (la veuve de Jojo), avait accordé une salle aux non-fumeurs, utilisée uniquement par des femmes. Une seule table occupée avec Françoise, Pierrette, Jeanne et Jocelyne. Quatre veuves. Mais la première part désormais avant 8 heures. Pourquoi ? Mystère ! Et elle est remplacée par Claude, « *une brave fille.* »
Un jour d'anniversaire, Françoise avoue ses grands secrets. Mais Claude n'était pas là par hasard, elle attendait sa confidence.
Claude est inspectrice des assurances, en mission, en recherche de preuves dans des arnaques aux fausses déclarations.

Personnages :
Quatre joueuses de belote, d'une cinquantaine d'années : Françoise, Pierrette, Jeanne, Jocelyne.
La cafetière, Clara, d'âge proche.
Claude, plus jeune, remplace Françoise, vers 8 heures.
Sarah, la fille de Clara, une vingtaine d'années.
Mathilde, "la vieille", officiellement sourde, la tante de Pierrette, assise dans un fauteuil à côté de la porte d'entrée (de l'escalier)

Deux décors ; la salle non-fumeur d'un café (acte 1 et 3), un bureau d'une société d'assurances (acte 2).

53

Acte 1

Scène 1

Françoise, Pierrette, Jeanne, Jocelyne. Mathilde. Puis Clara et Claude. Puis Sarah.

Une pièce non-fumeur à l'étage, isolée, d'un café. Trois tables. A l'une quatre femmes jouent à la belote, abattent les dernières cartes d'une partie. Mathilde, *les yeux fermés, somnole.*

Françoise, *de dos* : - Faut que j'y aille.

Pierrette : - Eh la Françoise, tu ne vas pas encore nous abandonner. Il n'est même pas huit heures.

Françoise : - Eh ! J'ai promis. J'ai promis de rentrer à huit heures moins le quart et je n'ai pas une fusée. (*elle se lève*) Vous trouverez bien un agréable monsieur préférant les feuilles de Prévert à celles du tabac.

Jeanne : - En descendant, demande au moins à Clara, qu'elle nous remette une tournée...

Françoise : - Et je vous l'offre, la tournée.

Jeanne : - Tu as fait une bonne affaire, la Françoise ?...
(*Françoise sourit*)

Jocelyne : - Oh !... Quand la Françoise sourit comme ça !... Il faudra que tu nous racontes ça.

Françoise : - Un jour j'écrirai mes mémoires, je te l'ai déjà confié !... Elles seront publiées comme des confessions, pour la postérité, quand j'aurai quitté ce bas monde... Y'a eu Châteaubriant avant moi... (*elle s'en va en fredonnant*)

Pierrette, *lui criant :* - Et n'oublie pas de demander à Clara qu'elle nous dégote un non-fumeur sachant jouer à la belote... Si tu as le temps, il n'est pas comme le train, il t'attendra ! (*aux autres :*) elle ne rate jamais l'occasion de nous placer un peu de littérature... elle a changé la Françoise...

55

Jeanne : - Ça tu l'as dit !

Jocelyne : - Un sacré numéro !

Pierrette : - Ça cache quelque chose, pardi !... Et le jour où le paquet de clopes coûtera plus cher que le kilo de Gigot, les fumeurs viendront jouer ici. Un non-fumeur, ça devrait quand même chercher à respirer, même chez Clara...

Jeanne : - Pas sûr !

Pierrette : - Quel malheur qu'à part nous, les femmes du quartier pensent qu'une femme franchissant les portes d'un bistrot est une femme perdue ! Faut que ça change !

Jeanne : - Le jour où Pierrette sera au gouvernement, c'est la révolution ! Chez les buralistes et les assureurs, les deux plus grands voleurs du pays. Révolution ! On les met sur la paille, les profiteurs ! Et les misogynes à Cayenne !

Pierrette : - Clara va monter avec ses trois digestifs, si elle n'a personne pour taper encore quelques parties, on va lui prétendre que le gouvernement a annoncé qu'il allait doubler le prix des clopes, ça nous fera une bonne discussion, un bon quart d'heure.

Jeanne : - Faut avancer un chiffre réaliste. Doubler, elle n'y croira pas. 20%, ça peut bien l'énerver.

Jocelyne : - Ah cette Clara ! Quelle santé ! Quand elle s'énerve, c'est une caméra qu'il nous faudrait (*entre Clara, très dynamique*)

Clara : - Clara quand elle s'énerve ! Vous avez déjà vu Clara s'énerver, les trois mousqueteuses ? Et même révolutionnettes (*Clara est suivie de Claude*). Et je vous ai capturé la buse rare. Elle va vous plumer, les dindonneaux !

Jocelyne : - Dindonneaux que tu n'auras pas pour ton Noël, madame la gastronome !

Clara : - Elle accepte de jouer dans une salle non-fumeur. Eh oui, fini le temps où vous pouviez me mettre le couteau de l'amitié sous la gorge, avec votre « offre-nous une tournée Clara, nous sommes les seules femmes du bistrot ! »

Pierrette : - Le couteau de l'amitié ! Tu as pris des cours de poésie chez l'Antonin !

Clara, *se tournant vers Claude :* - J'espère que c'est par bonté pour des âmes perdues, que mademoiselle s'avère être une noble fumeuse, sachant apprécier les vrais bonheurs, les vraies saveurs, le sel et le poivre de la vie.

Claude : - Je n'ai jamais fumé. La santé est mon seul vrai capital.

Clara : - La santé ! Opposer tabac et santé ! Pfou ! J'ai toujours fumé et j'ai l'air malade ?

Jocelyne : - Hé Clara, la santé faut la protéger. Mademoiselle a raison : la santé est notre seul vrai capital. Il faut donner des droits aux non-fumeurs.

Clara : - Comme le proclamait si bien mon cher Jojo : on ne vous fait pas payer la fumée ! On vous l'offre ! Je vous ai en plus donné une salle, et même chauffée ! Vous voudriez en plus le serveur sur vos genoux ?

Jocelyne : - Tu ne devrais pas le laisser fumer comme ça, ce n'est qu'un gamin.

Clara : - Un gamin ? Tu ne l'as pas bien regardé ! Il pourrait sûrement t'en apprendre !

Jocelyne : - Je regarde plus haut que toi ! Regarde ses poumons !

Clara : - J'ai roulé mon premier gris à 12 ans. Tu vois bien que le tabac ça conserve.

Jocelyne : - Ça conserve les sardines en boîtes !

Clara : - Avec des sardines comme toi, le port de Marseille n'est pas prêt d'être bouché !

Pierrette : - Le vent tourne, Clara, bientôt les fumeurs devront respecter notre droit à vivre sans fumée.

Clara : - Sans fumée ! Est-ce qu'on a déjà entendu ça ! Ah la la ! Ruinée, je vous jure, ruinée, ils veulent nous ruiner... Allez, je m'occupe des présentations : Claude.

Claude : - Non-fumeuse !

Pierrette : - Pierrette, Pierrette la pipelette, non-fumeuse.

(*elles se serrent la main*)

Jeanne : - Jeanne, Jeannette aime la fête, non-fumeuse.

(*idem*)

Jocelyne : - Jocelyne parfois Joce, toujours et définitivement non-fumeuse. (*idem*)

Clara : - Et la reine de la ruche ! (*elle se tourne vers Mathilde, que Claude n'avait pas remarquée, et lui gratte la tête... Mathilde ouvre les yeux*) Madame Mathilde en personne, notre héroïne, celle qui est partie, qui est revenue !

Mathilde : - T'as l'air bien énervée, clarinette !

Clara, *à Claude :* - Elle est sourde, sourde comme un pot de confiture. Mais gentille, adorable, la tante de Pierrette.

Claude lui sert la main.

Mathilde : - Mes hommages, madame la députée. C'est bientôt les élections ?

Clara : - Ça restera dans les annales, madame la députée !

Jocelyne : - Députée non fumeuse ! La France se civilise !

Clara : - Heureusement que vous vous rattrapez sur les fines ! Mais si ce gouvernement continue à voler nos clients, je passe les digestifs au prix de la truffe du Périgord.

Jeanne : - Hé Clara, tu devrais te lancer dans la politique, ça c'est un slogan ! Tu devrais publier un recueil de tes plus belles répliques, je les achèterai tes brèves de comptoir !

Jusqu'à la fin de la scène, Mathilde fixe Claude... On sent qu'elle ne l'aime pas, l'intrigue.

Clara : - A la retraite, promis ! Ma p'tite sœur a déjà déposé à la Bibliothèque Nationale le titre des siennes, de mémoires.

Jeanne : - Et qu'est-ce qu'elle devient l'Odette ? Toujours dans l'ombre d'Antonin ?

Clara : - Bah, elle délire toujours aussi grave ! Elle exagère un peu sur les p'tites pilules mais elle reste adorable. On dirait que le temps n'a aucun effet sur elle.

Pierrette : - Elle a une belle vie…

Clara : - Si on veut… Je ne sais pas si j'échangerais ma vie avec la sienne…

Pierrette : - Etre l'amante d'Antonin procure quand même bien des avantages.

Clara : - Sûr que les beaux voyages, elle connaît. Mais elle a quand même sacrifié sa vie pour lui.

Pierrette : - Puisqu'on est entre nous : c'est vrai tout c'qu'on raconte à leur sujet ? Il l'a vraiment mise enceinte quand elle avait treize ans ?

Clara : - Ah les ragots ! Je suis vaccinée ! Même si on raconte n'importe, laisse baver ! C'est la philosophie d'Odette, c'est devenu la mienne.

Pierrette : - Comme on dit, y'a pas de fumée sans feu ! Le show-biz est quand même un milieu spécial. On en rêve toutes mais je ne sais si elles sont plus heureuses que nous, les Odette et compagnie.

Voix d'une vingtaine d'années criant du bas de l'escalier (Sarah) : - Maman !

Clara : - Allez, vous n'avez qu'à crier aussi quand vous aurez soif ! (*en sortant :*) Les fumeurs me réclament ! Et le public sachant offrir un cigare contre une rime majeure.

Pierrette : - Tu ne préfères pas un bisou du serveur ?

Clara, *déjà sortie* : - Oh les jaloux !… C'est une mode venue d'Angleterre, les femmes mûres dévoreuses de gamins… et il aime la fumée…

Voix d'une vingtaine d'années, proche (Sarah) : - Il est encore parti sans payer.

Jocelyne : - Je n'ai rien dit. Mais entre nous, l'Odette, je l'ai croisée à l'aéroport y'a même pas quinze jours et elle a fait comme si elle ne me connaissait pas.

Pierrette : - Ça t'étonne ! Elle est fière comme si elle écrivait les tubes de l'Antonin. C'est sûr qu'elle doit souvent tenir son stylo et être bien imbibée de son encre...

Jocelyne : - C'est surtout qu'elle était main dans la main et se bécotait jusqu'à l'indécence avec une jeune femme, « *ma princesse* » qu'elle l'appelait...

Pierrette : - C'est ça le show-biz !

Entre Sarah en souriant...

Pierrette : - Tu écoutais encore aux portes, beauté fatale !

Sarah : - C'est la voie de la sagesse : ça évite la tentation d'intervenir pour ramener sa science, ça oblige à écouter vraiment.

Pierrette : - Tu aurais dû faire des études !

Sarah : - J'en sais bien plus que les bacs+5 sur la vraie vie : un bistrot, c'est l'école de la vie.

Jocelyne : - Je ne comprendrai jamais cette fille ! Tu aimes tellement les bouquins !

Sarah : - Mais c'est ça le grand secret ! Je t'explique une dernière fois : les étudiants ingurgitent des tas de bouquins, simplement pour réussir les examens, et tout s'évapore le lendemain, tellement le cerveau est encombré d'informations inutiles. L'essentiel part avec toutes la connerie de dates et autres citations dont on gave nos diplômés ! Tandis que moi, modeste serveuse, je déguste le savoir à mon rythme, je ne m'encombre pas de futilités.

Clara, *criant du bas de l'escalier* : - Un blouson noir barbu pour mademoiselle Sarah.

Sarah : - Je n'aurai pas le temps de lire cette nuit !

Pierrette : - Protège-toi.

Sarah : - Pfou ! (*en souriant*) On se connaît depuis deux mois !

(*rideau rapide*)

Scène 2

Les cinq mêmes qu'au début de la scène 1.

Pierrette : - J'espère que Claude sera là.

Jeanne : - C'est une sacrée joueuse.

Jocelyne : - Et une brave fille… même si elle ne sait pas ce que c'est qu'être veuve !

Claude entre avec cinq fines sur un plateau. Mathilde ouvre les yeux et fixera de nouveau Claude.

Françoise : - Hé ! Quand on parle de la suivante.

Pierrette : - Ne dis pas que séduire sa tante te tente !

Jeanne, *à Claude* : - Madame la députée ! (*on sent que c'est devenu une phrase amicale et récurrente*) Clara t'a embauchée ?

Claude : - Elle vient d'arrêter sa télé, on y annonce une hausse de 10% des clopes, alors en plus elle ne pouvait pas venir vous affronter !

Pierrette : - Ah ! C'est l'interdiction pure et simple dans les lieux publics et les bureaux, qu'il faudrait prononcer. Mais aussi les salles de spectacles, les discothèques. Dans quel état seront ces jeunes à quarante ans ?

Durant les prochaines répliques, Claude distribue les fines, les vides sont remises sur le plateau qui sera posé sur la table derrière la plus proche. Et Claude fait la bise à toutes, même à Mathilde.

Jeanne : - N'en demande pas trop ! Tu sais bien que jamais ça n'arrivera, la régie est nationale, l'état ne va pas se priver de son petit commerce.

Jocelyne : - Ce sera comme l'école, l'Etat reculera dès qu'il y aura quelques manifestants dans les rues.

Pierrette : - Et les malades, tu ne crois pas que ça lui coûte à l'état ?

Jocelyne : - Bah, celui qui se chope le cancer, on ne peut pas dire qu'il coûte cher, ils font bien semblant de le soigner, tu as vu mon père, c'est pour ça que je me suis arrêtée de cloper, on ne va pas me faire croire que le tabac n'y était pour rien, que c'était le destin.

Jeanne : - Ils peuvent nous donner la retraite à 60 ans, si on s'engage à crever d'un cancer à 59 ! Nos conditions de travail, si on en parlait ! Ces maudits chefs avec leur clope et on doit se taire !

Jocelyne : - Tabagisme passif, on appelle cela ! C'est presque aussi grave que de l'avoir au bec ! De l'assassinat, je dis moi. Mais on est quoi, face à ces messieurs ?!

Françoise : - Ah, tu m'en as monté une pour le voyage !

Pierrette : - Il va bien falloir que tu nous racontes où tu vas tous les dimanches à huit heures.

Françoise : - Si on vous le demande, répondez que j'ai rendez-vous avec l'Antonin !

Jocelyne : - Regardez-le en vrai, plutôt que dans votre télé, et vous verrez un homme sans intérêt et même sans charme.

Jeanne : - Ah ! Il n'a pas le charme de ton Carlo !

Pierrette : - Et tu crois que dans l'aéroport d'Addis-Abeba, tu l'as vu avec des yeux objectifs, ton Don Juan ?

Jocelyne : - Je ne raconterai plus rien !

Pierrette : - On ne va pas te reprocher ta sincérité ! Mais laisse-nous le droit de te taquiner !

Jocelyne : - Au fait, il m'a réécrit ! Sa Momina, il a passé quatre nuits avec elle.

Pierrette : - Ça t'étonne ! Une femme qui a le culot d'écrire « *je n'ai aucune raison de tromper mon copain mais si l'on se revoit je suis en danger* », on sait bien ce qu'elle veut.

Jocelyne : - Mais elle a rapidement eu des prétentions : elle voulait la bague au doigt et le gosse dans le ventre.

Pierrette : - Encore une folle ! Elle accepte le rôle de la cocotte et voudrait qu'on la respecte !

Françoise : - Vos confidences m'intéressent mais pas suffisamment pour me retenir !

Pierrette : - En tout cas, il faut qu'on sache quel bel homme a une femme qui part tous les dimanches à huit heures.

Françoise : - Ah !... (*elle vide son Grand-Marnier d'un trait et sort*) salutas les amies.

Pierrette, *en attendant qu'elle ait descendu l'escalier* : - Elle nous cache des choses la Françoise ! Vous voulez savoir où elle va ?

Jeanne : - Eh ! Tu le sais, toi ?... Et tu ne nous as toujours rien raconté !

Pierrette : - Tu sais que mon neveu travaille à la gare.

Jeanne : - La Françoise lève un minet tous les dimanches à la gare !?

Pierrette : - Si tu ne m'interrompais pas, tu saurais plus vite ! La Françoise, elle prend le train !

Jeanne : - Ça ne nous indique pas où elle va.

Pierrette : - Mais elle ne revient que le jeudi soir.

Jeanne : - Oh quelle histoire ! Mais ça n'indique pas où elle va.

Pierrette : - Et tu crois qu'avec un neveu chef de gare, je ne le saurais pas ?

Jocelyne : - Il est chef de gare, ce blanc bec ?

Pierrette : - Pas encore mais ça va venir, il en a déjà toutes les responsabilités. Alors la Françoise, elle a une deuxième vie ! Elle s'est acheté une magnifique propriété près de la gare de Castel !

Jeanne : - Oh !... Et avec quel pognon ?

Pierrette : - J'ai trouvé le début, c'est à vous de rassembler les autres pièces du puzzle.

Jocelyne : - C'est simple : six bons numéros au loto, y'a que ça pour devenir riche sans magouiller. Puisqu'elle n'est pas chanteuse !

(*rideau rapide*)

Scène 3

Les cinq mêmes que la scène 1, bien éméchées. Plus Claude assise derrière Françoise. Mathilde agite la tête, comme une vieille saoule et lâche quelques mots que personne n'écoute.
Sarah vient de servir.

Sarah : - Vous m'épuisez, ce soir ! La prochaine fois, je vous rapporte les bouteilles !
Pierrette : - Tu dormiras bien cette nuit !
Sarah : - Dormir à mon âge ! (*elle sort en souriant*)

Jeanne : - C'est beau d'être jeune !
Françoise : - Si jeunesse... (*de la main droite, un geste en hauteur signifiant etcetera*) Si vieillesse (*idem*).

Pierrette : - Maintenant qu'on sait toutes que tu as une résidence secondaire à Castel, va falloir nous expliquer comment tu as manigancé !
Françoise : - Que j'ai quoi !?
Jeanne : - Allez, c'est un secret de polichinelle, le dimanche à 8h25, tu prends le train !
Françoise : - On m'espionne ou quoi ? C'est le KGB ?
Jeanne : - Tout le pays le sait !
Françoise : - Eh alors ! Je peux prendre le train quand il me plaît ! Je n'ai aucune autorisation à demander à tartempion ni Big Brother. Je suis une femme libre, mon amie ! Je n'ai même jamais adhéré à un parti politique ni à un syndicat !

Pierrette : - Ne t'énerve pas *Fano*, et après tu mets tes pieds dans ton salon tout luxe, tu as même arrêté de travailler.

Françoise : - Eh ! À mon âge, on a droit à la préretraite !

Mathilde : - Comme j'étais belle, quand j'avais 20 ans !

Jocelyne : - La préretraite à ton âge ! On n'est pas en Suède !

Jeanne : - De toute manière, quand on prend sa préretraite, on paye une fine aux amies !

Pierrette : - Ça c'est vrai ! Tu nous en dois une, de cuite !

Jeanne : - Allez, Françoise, tu me le dois ! C'est mon anniversaire, alors comme cadeau, je te demande juste de raconter... où tu l'as trouvé, le pognon, mon amie ?

Françoise, *sourit :* - Allez, on est entre nous... Mais c'est un secret... ça reste entre nous... promettez !

Tous : - Promis Françoise !

Françoise : - Vous vous souvenez de ma Mercedes avec ce boulet de crédit que je ne pouvais pas rembourser ?

Pierrette : - Hé, on a compris que tu l'avais noyée dans la rivière pour toucher les assurances.

Françoise : - Bien mieux ! L'assurance me l'a payée mais je l'avais revendue en Hongrie !

Pierrette : - Hé pardi, c'est un bon plan, t'aurais pas pu m'en parler avant, tu connais un passeur honnête ?

Françoise : - 60 - 40, pas génial, mais sur une Mercedes neuve !

Jocelyne : - Ça ne te fait pas le prix d'une résidence secondaire à Castel.

Françoise : - Ah ! (*elle sourit*)

Mathilde : - Faut s'taire quand on connaît pas les gens (*elle fixe Claude*).

Jeanne : - Je suis certaine maintenant que tu as eu une idée de génie. Allez, raconte, mon amie.

Françoise : - On peut le dire ! Quand ma mère est morte, vous avez respecté mon deuil, vous n'avez pas posé de questions. Elle est morte d'une belle mort, elle a pris son café comme tous les matins, elle m'a regardé et elle a simplement murmuré "je meurs", et elle est morte, presque en souriant. (*silence que tout le monde respecte en attente de la suite*) Une attaque. Le docteur m'avait prévenue que ça pouvait arriver. Le temps du choc passé, une idée de génie m'a traversé l'esprit, comme si Dieu en personne, au moins Saint Pierre, me l'avait dictée. Il m'a montré le contrat d'assurance, mon archange Gabriel. Alors je l'ai portée dans la voiture, j'ai eu la suée de ma vie mais c'était comme si Dieu en personne me soutenait, comme si j'avais les forces d'Arnold Schwarzenegger, et hop, un p'tit accident. Comme elle avait une autorisation médicale de ne pas attacher sa ceinture, le pactole par les assurances. (*silence émerveillé, on sent une nervosité chez Claude ; elle croise le regard de Mathilde et se détourne immédiatement*) Quand tu meurs dans ton lit, pas un centime, dans une voiture, beau pactole, l'idéal, c'aurait été de l'embarquer dans un avion en sachant qu'il allait s'écraser. (*silence*)

Pierrette : - De toute façon elle était morte, t'as eu l'idée, t'aurais eu tort de ne pas en profiter.

Jeanne : - Mais t'aurais quand même pu nous payer une fine !

Françoise : - Ça ne sort pas d'ici... Oups 8 heures 2, j'y cours... (*se lève et sort en vitesse*)

Jocelyne : - Faudra nous inviter…

Pierrette : - Sacré Françoise !

Jeanne : - Sacré bonne femme, encore plus maline que je le croyais.

Jocelyne : - Ouais, ça c'est une femme libre ! Jamais elle n'a donné une enveloppe au député, elle a toujours su se débrouiller toute seule !

Pierrette : - Ce n'est pas honnête, mais t'en connais, toi, des riches aux mains propres ?…

Jocelyne : - Six bons numéros au loto, y'a que ça.

Jeanne : - Moi je suis formelle : quand on a une idée de génie comme elle a eu, il faut la jouer à fond. Et on ne va quand même pas s'arrêter à cause de leur morale, à ces notables dont les parents sont devenus riches avec le marché noir.

Jocelyne : - Les pires ce sont ces députés et leur enveloppe pour un permis de construire, pour faire sauter un PV, exempter un gosse du service militaire, comme s'ils ne gagnaient déjà pas trop avec l'argent de nos impôts !

Jeanne, *hurlant* : - Clara ! Une tournée ! Oh ! Ma jolie Sarah !

Rideau

Acte 2

Claude puis Françoise.
Le bureau de Claude Duglaner, inspectrice chargée de contrôles aux Assurances. Un bureau type de petit chef dans les assurances. Elle est assise dans un grand fauteuil et devant le bureau deux petites chaises.

Claude, *au téléphone :* - Bien, laissez-la patienter quelques minutes. (*elle raccroche*)

Claude : - Ah ! Je m'y étais pourtant habituée à ces parties de belote. Mon plus grand plaisir de la semaine. Mais nous ne sommes pas sur terre pour le plaisir ! Et les augmentations passent par des résultats. Ah ! Si je n'avais même qu'un pour cent de tout ce que l'on va récupérer ! Mais pas d'intéressement... nous devons travailler consciencieusement pour le bien de la société.
Enfin, après une telle réussite, ils accepteront enfin ma mutation sur la côte d'Azur... Ah la côte d'Azur ! Enfin, il est peut-être encore temps pour réussir ma vie, avoir une vraie vie mondaine... Je veux une augmentation, je veux une mutation, une prime de Noël, il me faut des résultats. Comme un homme !
(*elle prend son téléphone*)

Claude : - Nadège, faites entrer madame.

Tandis que la porte s'ouvre, Claude tourne son fauteuil afin d'être dos à l'arrivante.
Françoise entre timidement. La porte se referme derrière elle. Françoise observe, se doute d'une présence dans le fauteuil.

Françoise : - Vous m'avez convoquée, je suis là.

Le fauteuil tourne...

Françoise : - Oh Claudia ! Qu'est-ce que tu fous là !

Claude : - Claude Duglaner, responsable du service contentieux.

Françoise : - Et tu avais besoin de me faire perdre mon mercredi pour me parler, ça ne pouvait pas attendre dimanche. Et qu'est-ce que tu manigances dans ce bureau de messieurs ?

Claude : - L'heure est grave.

Françoise : - L'heure ?

Claude : - Soit vous rendez l'argent détourné via de fausses déclarations, soit nous devons déposer plainte au tribunal, et dans cette hypothèse regrettable de non coopération, nous demanderons des dommages et intérêts exemplaires.

Françoise : - Hé Claudia, non seulement tu nous as caché ton véritable boulot mais en plus on t'a raconté des salades et tu les as crues. (*en souriant* :) Ta salade crute est trop cuite !

Claude : - J'ai préparé les documents de renonciation. Il vous suffit de les parapher et nous signer un chèque du montant. (*elle avance la feuille*)

Françoise, *la regardant* : - Mais tu es folle !

Claude : - Une Mercedes et une assurance accident. C'est le montant que vous avez touché.

Françoise : - Mais tu es folle ! J'ai payé mes cotisations, j'ai eu la malchance qu'on me vole ma Mercedes et de perdre ma mère.

Claude : - Madame Caferré.

Françoise : - Tu peux m'appeler Françoise. Ou madame veuve Caferré. Hé Claudia ! Tu joues à quoi ?

Claude, *appuie sur le magnéto présent sur son bureau et on entend :* "*Le temps du choc passé, une idée de génie m'a traversé l'esprit, comme si Dieu en personne, au moins Saint Pierre, me l'avait dictée. Il m'a montré le contrat d'assurance, mon archange Gabriel. Alors je l'ai portée dans la voiture, j'ai eu la suée de ma vie mais c'était comme si Dieu en personne me soutenait, comme si j'avais les forces d'Arnold Schwarzenegger, et hop, un p'tit accident. Comme elle avait une autorisation médicale de ne pas attacher sa ceinture, le pactole par les assurances. "*

Françoise : - Tu as payé une imitatrice mais elle m'imite très mal ! Elle ne fera pas carrière, ta pintade !

Claude : - C'est un enregistrement réalisé par une personne assermentée, moi.

Françoise pose la main droite sur le magnéto.

Claude : - Ce n'est naturellement qu'une copie audio. L'enregistrement audio et vidéo ne laisse aucun doute, il fut réalisé avec une mini caméra dernier modèle, un bijou de technologie, fabriqué au Japon, inséré en lieu et place de ma montre. On voit très distinctement les lèvres énoncer ces mots. La preuve de culpabilité sera validée par tout tribunal compétent.

Françoise, *abattue :* - Oh Claudia, tu m'assassines.

Claude : - Je vous demande juste de restituer les sommes illégalement perçues.

Françoise, *se reprenant :* - Alors comme ça, tu pourras vivre avec ma mort sur la conscience ! Comment pourras-tu regarder nos amies ?

Claude : - C'est ma dernière affaire ici. Après un tel résultat, ma demande de mutation sera acceptée.

Françoise : - Y'a des promotions pour les assassins, dans ta boîte ?

Claude : - Soyez sérieuse, madame veuve Caferré, vous avez été riche quelques mois, vous refermez la parenthèse et reprenez votre vie d'avant, où vous n'étiez pas malheureuse.

Françoise : - Je n'étais pas malheureuse car j'ignorais tout ce qu'on peut se payer avec de l'argent. Maintenant je comprends mieux les politiques, qui se battent pour une écharpe, elle leur permet de faire sauter nos PV, exempter les enfants du service militaire ou signer un permis de construire, le tout contre une petite enveloppe. Tu as déjà été riche, toi ?

Claude : - J'ai un bon salaire.

Françoise : - Moi aussi j'en avais un. Un bon salaire pour une femme, comme on dit. Mais on ne devient pas riche en travaillant, Tu le sais bien !

Claude : - La loi c'est la loi.

Françoise : - Ta loi des installés, des capitalistes, des magouilleurs au pouvoir, elle ne s'applique qu'aux vivants ! Tu ne récupéreras pas un centime quand je serai morte. Et tant qu'un tribunal n'a pas prononcé ma condamnation, je bénéficie de la présomption d'innocence, oui madame, je peux mourir innocente ! Toutes les procédures s'arrêtent à la mort, tu dois le savoir ! Il suffit que je meurs et tes poursuites, tu te les mets où tu veux ! T'en fais des avions ! Et en plus, pas de mutation, et plus personne ne fera une belote avec toi !

Claude : - Madame veuve Caferré, signez et vous pourrez profiter paisiblement de votre retraite.

Françoise : - Plutôt mourir ! Plutôt mourir que d'y retourner, au turbin ! Je suis une femme libre, mon amie ! Celle qui n'a pas peur de mourir est libre ! Tu sais que des philosophes l'ont écrit bien avant qu'existent tes assurances !

Claude, *qui perd de sa superbe :* - Madame veuve Caferré, soyez raisonnable.

Françoise : - Allez, pour tes peines, je veux bien te donner six mois de salaire en échange de tes enregistrements. Pour que tu ne sois pas le dindon de l'affaire.

Claude : - Tentative de...

Françoise : - Tu vois, je suis raisonnable, c'est toi qui ne l'es pas ! Je préfère vivre mais s'il le faut je mourrai dignement. Sénèque s'est suicidé sans pleurer. Tu veux être mon Néron ? Tu as le grand bureau d'un homme, tu en as déjà le cœur ? Je me suis mise à la lecture et au jardinage, madame. Il n'est jamais trop tard pour se cultiver et cultiver ! L'important c'est la dignité, madame, on vit dignement et si on ne le peut pas, on meurt dignement.

Claude : - La vie, ce n'est pas de la philosophie. Et le détournement d'argent, ce n'est pas vivre dignement.

Françoise : - Qui, de ton assurance ou de moi, est le plus riche ? Qui a des comptes en Suisse ? Qui détourne de l'argent ? Et je vais t'apprendre, mon amie, dans la philosophie antique, il y avait aussi la logique : alors tu as deux possibilités ; soit je sors d'ici et je me fais écrabouiller par une voiture, alors non seulement ton patron ne récupérera jamais un centime de ce qu'il m'a payé mais en plus il paiera mon assurance-vie au fiston (*Claude est de plus en plus inquiète par la tournure des événements*). C'est pas difficile de se faire écraser, il suffit de traverser juste après un virage. Ou alors, on sort, on va chez moi, et on s'entend comme deux amies, comme de vraies femmes qui savent refuser les fausses valeurs des hommes.

Claude : - Allez Françoise, tu as essayé, je t'aime bien, signe, ne m'oblige pas à transmettre le dossier au juge d'instruction.

Françoise, *se lève brusquement :* - Tu l'auras voulu. Mais avant de passer sous deux roues, faut que je raconte aux copines ce que tu as manigancé. Je n'aurais jamais cru ça de toi ! Manipulation et trahison ! On t'a accueillie comme une sœur ! C'est la Mathilde qui avait raison ! Je te propose même une bonne prime pour que tu n'aies pas l'impression que je profite de ton amitié ! Je sais bien que les affaires sont les affaires ! Mais puisque tu préfères perdre sur tous les tableaux ! Non seulement tu finiras ta carrière ici mais plus personne ne jouera à la belote avec toi. (*elle part, ouvre la porte*)

Claude : - Attends Françoise (*Françoise continue*). Tu as gagné Françoise.

Françoise, *se retournant et revenant juste à la porte* : - Tu disais ?

Claude : - Viens t'asseoir, on va s'arranger. Tu es vraiment un sacré numéro.

Rideau

Acte 3

Scène 1

Décor identique à l'acte 1.

Françoise, Pierrette, Jocelyne et Claude jouent. Mathilde somnole à sa place. Atmosphère très pesante. Visages tristes, fatigués et crispés. Ils terminent une partie. (manque donc Jeanne.) Puis Clara et Sarah.

Clara, les traits très tirés, plus que fatiguée, air malade, cireux, entre et pose quatre fines sur la table. Les précédentes ne sont pas vidées.

Clara, *après avoir toussé :* - Allez les filles, je vous les offre. (*elle se retourne de nouveau pour tousser*)
Claude : - Merci Clara...
Clara : - Ah, je crois que j'ai vraiment attrapé un mauvais coup de froid.
Jocelyne : - Ça doit être ça, t'inquiète pas, ça va passer. Même le sourire de Carlo n'a pas réussi à me redynamiser.
Clara : - Ah, je crois que ça nous a toutes foutu un coup... moi c'est sur les bronches que je l'ai pris.
Jocelyne : - L'hiver est long cette année...
Clara : - Allez les filles, je vous laisse terminer. (*elle gratte machinalement, en passant, la tête de Mathilde qui ouvre les yeux... en sortant, on l'entend encore tousser*)

Elles reprennent sans passion leur jeu. Silence.

Pierrette : - Ah ! La Clara, y'a bien qu'elle qui ne sait pas ce qu'elle a attrapé. L'agonie de son pauvre Jojo ne l'a même pas éloignée des clopes. Et on dirait qu'elle l'a oublié, que lui aussi ça a commencé comme ça. Et malgré ça, ça continue à fumer en bas...
Jocelyne : - N'y pense plus, profite du temps présent, vis avec passion et sincérité ces instants merveilleux, m'a

74

répété au moins dix fois ce Carlo. Il me reprochait de ne pas sourire ! Comme si on peut sourire dans les bras d'un tel type !

Pierrette : - Pourtant tu semblais contente qu'il passe te voir avant son séjour de méditation, le monsieur.

Jocelyne : - Je ne suis pas naïve ! Si Momina lui avait offert son corps pour le week-end, il aurait préféré sa jeunesse que mes années même bien entretenues ! Mais elle est retournée avec son amour, vous savez, celui qu'elle n'avait pas de raison de tromper, sauf qu'elle était incapable de vivre trois mois loin de lui sans s'offrir des émotions, sans jubiler, comme elle écrivait.

Pierrette : - Tu ne l'aimes pas !

Jocelyne : - Elle n'est qu'une petite cocotte qui ne méritait pas mieux que d'être traitée comme une petite poule et lui, derrière la patine de l'homme sage, il n'y a qu'envies de manipuler les femmes pour les consommer.

Claude : - Souvent les hommes qui s'occupent à ce point de leur aspect extérieur et dont le discours est bien rôdé, ils cachent une grande noirceur à l'intérieur. J'en ai croisés.

Jocelyne : - J'aurais dû comprendre, quand après notre dialogue très amical, il a profité de l'escale au Caire pour aborder quelques jeunes femmes. Il s'est rapidement fait congédier par une blonde et s'est rabattu sur cette Momina. Et il leur a trouvé deux sièges libres pour se baratiner jusqu'à l'indécence. Mais son mail du lendemain était tellement charmant. Puis il m'envoyait les mails de cette Momina, me montrant bien par des petits commentaires spirituels qu'elle n'était qu'un jeune corps désirable. Elle lui demandait une lettre d'amour. Fais-moi jubiler un peu elle écrivait deux lignes après avoir noté *« je n'ai pas de raison de tromper mon copain mais si l'on se revoit je doute qu'on puisse rester sages. »* J'ai vraiment cru qu'il cherchait une femme mûre et sérieuse.

Pierrette : - Les femmes comme cette Momina sont plus nombreuses qu'on le croit... Si je racontais tout ce que je sais, le département serait en guerre civile !

Silence jusqu'à la dernière carte. Entre Sarah, triste. Elle regarde Mathilde qui lui sourit tristement. Elle lui fait une bise.

Mathilde : - J'ai été jeune aussi.

Sarah : - Comme j'aimerais avoir ton âge !

Mathilde : - Sois pas pressée ! (*elle se rend compte qu'elle s'est trahie*) Elle se trompe toujours la météo ! (*Sarah sourit tristement... elle a compris que Mathilde n'est pas sourde...*)

Sarah : - Tu as raison Mathilde... (*plus bas*) Je ferai comme toi bien avant ton âge... (*elle lui refait un bisou et va s'assoir de l'autre côté des joueuses*).

Françoise : - Pierrette ! Ce n'est pas une raison pour jouer comme un pied !

Pierrette : - Allez, on arrête les cartes pour ce soir !

Jocelyne : - Tu as raison. C'est trop dur. Trop injuste. J'en confonds cœur et carreau.

Claude : - La vie est cruelle.

Sarah : - À qui le dis-tu ! (*elles se retournent vers elle, l'impression qu'elle pense à ses histoires de cœur est visible*) Mais non, je ne pleure pas sur ce connard de Philippe... me larguer pour la blonde siliconée ! Toute fille passe par là !... Jeanne... Ma mère bientôt.

Claude : - Ne dis pas cela, petite.

Sarah : - Mais si, c'est le destin. On n'y peut rien. Le docteur m'a confié qu'elle préfère ne pas savoir, s'illusionner. C'est son choix. Y'a plus rien à espérer, c'est le destin.

Pierrette : - Promets-moi d'arrêter de fumer.

Sarah : - Tu te trompes : ça n'a rien à voir avec la cigarette, c'est juste le destin. Grand-mère a toujours fumé et elle vient encore nous aider aux grandes occasions. Elle est en pleine forme.

Claude : - C'est une exception mais les statistiques sont formelles.

Sarah : - Statistique, statistique, est-ce que j'ai une gueule de statistique ? (*elle sourit tristement, se lève et sort*)

Claude : - Pourtant elle est intelligente, cette petite. Mais son idée de destin va lui gâcher la vie.

Pierrette : - Certains croient en Dieu, d'autres au destin, d'autres en la réincarnation, d'autres ne croient en rien, et tout le monde en bave !

Jocelyne : - Mais qu'est-ce qu'elle allait foutre chez sa tante, ça fait des années qu'elles ne se parlaient plus.

Françoise : - Hé, elle voulait que son père se réconcilie avec sa sœur avant de partir ! Il n'était plus bien costaud, l'Alphonse. Ça partait d'un bon sentiment.

Pierrette : - Ah ! Je vous dois la vérité.
Jocelyne : - La vérité !?
Pierrette : - Bin oui... je suis la seule à la connaître... et je sais pas si Jeannette voudrait que ses amies continuent à s'imaginer...

Claude : - Un accident stupide, comme il en arrive tant. Manque de vigilance du chauffeur sur une route familière, on pense la connaître même les yeux fermés, et boum, comme d'habitude !
Pierrette : - Si tu savais....
Jocelyne : - Tu es sûre de savoir la vérité vraie, toi ?
Pierrette : - J'étais quand même sa voisine, et quand elle avait besoin d'un coup de main, c'est moi qu'elle appelait.
Jocelyne : - Mais t'étais pas sur la route !
Pierrette : - Ce maudit dimanche soir, ce maudit 7 novembre, Jeannette est venue frapper à ma porte. Son père venait de mourir. Vous savez toutes qu'il avait un cancer. Et vous devinez ?

Françoise : - Oh j'en ai bien peur ! Malheur !

Pierrette : - Hé oui, elle m'a demandé de l'aider à le mettre dans la voiture. J'ai bien essayé de la persuader que c'était une bêtise. Tout le monde connaissait son état. Les assureurs sont pas aussi cons que ça. Mais elle voulait faire comme toi.

Françoise : - Aïe aïe aïe.

Pierrette : - Ouais... Elle venait de relire son contrat d'assurance, et c'est un accident qu'il fallait. Elle allait pouvoir arrêter de travailler. Sa mère, elle avait peur. Elle la suppliait presque, elle a bien répété dix fois que j'avais peut-être raison, qu'elles allaient s'attirer des ennuis.

Jocelyne : - Mais quand elle avait une idée en tête !

Françoise : - Et elle t'a répondu "si Françoise a réussi, je vais réussir aussi."

Pierrette : - Exactement. Même que sa mère, elle l'a entendue, et elle a demandé « Françoise a réussi quoi ? » et notre Jeannette a conclu « c'est un secret entre amies. Point barre ! » Je peux bien te jurer que ton secret, elle est comme nous, la Jeannette, elle l'a gardé pour elle.

Françoise : - Si je l'avais gardé pour moi !

Pierrette, *répète* : - Si Françoise a réussi, je vais réussir aussi.

Jocelyne : - Hé, je l'aurais parié.

Pierrette : - Alors sa mère, elle n'a pas voulu la laisser partir seule, elle a finalement marmonné que ça semblerait bizarre, si elle n'y allait pas, chez la tante. Alors, quand j'ai vu que je ne pouvais plus les arrêter, j'ai dit, bon, je vais rester ici, comme ça si le gosse se réveille, il ne sera pas tout seul. Il dormait leur Sylvain, il ne savait pas que son pépé était mort. Vous savez bien que depuis la mort de son père, il se réveille toutes les nuits en sueur, les cauchemars.

Françoise : - Aïe aïe aïe.

Jocelyne : - Et il est parti avec eux.

78

Pierrette : - Hé oui, sa grand-mère l'a réveillé alors que sa mère et son grand-père étaient déjà dans la voiture, devant. Ils lui ont rien raconté, pauvre gosse, juste qu'ils allaient faire une surprise à la tante Paulette. Il ne voulait pas y aller. J'ai proposé une dernière fois "il peut rester ici."

Durant la réplique de Pierrette, la tête de Clara apparaît à la porte, puis elle se recule, on l'aperçoit encore mais personne parmi les joueuses ne peut la voir. Elle se retiendra plusieurs fois, difficilement, de tousser. Mathilde ressent, ou a entendu, sa présence. Se tourne plusieurs fois vers la porte...

Claude : - Malheur.

Pierrette : - Hé oui, comme ça le gosse, si on l'interrogeait, il raconterait ce qu'il savait, ce qu'il croyait, que son pépé était mort dans l'accident parce qu'il avait oublié de boucler sa ceinture. On peut récolter un PV pour une ceinture oubliée mais l'assurance ne peut pas utiliser la faute pour ne pas payer, dixit Jeannette.

Claude : - C'est malheureusement vrai (*il s'arrête net, se rendant compte de sa bévue, non remarquée, sauf par Françoise et Mathilde*).

Pierrette : - Et voilà, elle m'avait prévenue qu'elle allait se prendre doucement le poteau après le croisement, juste au virage, là où on l'a retrouvée le lendemain, leur voiture, mais dans la rivière.

Françoise : - Malheur, je n'aurais jamais dû vous raconter.

Pierrette : - Le pire, si on peut dire, c'est que le pognon de l'assurance, un sacré pactole, car Jeannette et sa mère aussi avaient une assurance accident, maintenant il va revenir à son cousin qu'elle ne pouvait pas blairer.

Claude : - Sauf si l'assurance parvient à démontrer que le vieux était mort avant. (*Mathilde la fixe, leurs regards se croisent, Claude baisse les yeux*)

Pierrette : - On est quatre ici, et je ne vois pas l'une d'entre nous aller cafter aux voleurs ce qui s'est passé. C'est vrai que son cousin, il est plus con qu'un balai, il est même gendarme, tu sais.

Françoise : - Vous voulez bien me le promettre ?

Pierrette : - Quoi ?

Françoise : - De ne jamais essayer de m'imiter.

Jocelyne : - Comme le proclame si souvent cette pauvre Clara, on peut essayer de t'imiter, Françoise, mais personne ne t'égalera...

Pierrette : - En tout cas, je suis vaccinée. Les assureurs sont des voleurs mais je ne jouerai pas au plus fin pour essayer de leur prendre une plume de leur duvet.

Jocelyne : - Si ça te rend poète ! En tout cas, Françoise, tu n'es plus celle que je souhaite égaler.

Claude : - Pourquoi, tu y avais pensé aussi ?

Jocelyne : - Hé ! Si l'occasion s'était présentée... Ma mère n'est plus bien vigoureuse, je lui avais collé une assurance accident !

Pierrette : - J'avoue que la mienne aussi, elle en a une !

Françoise : - Vous êtes encore plus folles que moi !

Mathilde, *presque inaudible* : - Une vie, ça se remplit de secrets...

Clara s'éclipse discrètement, sur la pointe des pieds.

Rideau – FIN

Vous souhaitez jouer cette pièce ? Rendez-vous sur
http://www.ternoise.fr

Stéphane Ternoise... un peu plus d'informations

Né en 1968

http://www.ecrivain.pro essaye d'être complet, avec un "blog" (je préfère l'expression "une partie des chroniques"). Mais il ne peut naturellement pas copier coller l'ensemble des textes présentés ailleurs.

http://www.romancier.net

http://www.dramaturge.net

http://www.essayiste.net

http://www.lotois.fr

Les noms de ces sites me semblent explicites...
Le graphisme reste rudimentaire. Tant de choses à faire...

http://www.salondulivre.net le prix littéraire a lancé sa onzième édition. Une réussite d'indépendance. Mais peu visible...

L'ensemble des livres numériques ont vocation à devenir disponibles en papier et réciproquement. Il convient donc de parler de livre au sens fondamental du terme : le contenu, l'œuvre. En juillet 2013, le catalogue numérique de Stéphane Ternoise dépasse la barre naguère inimaginable de la centaine. Il est constitué de romans, pièces de théâtre, essais mais également de photos, qu'elles soient d'art (notion vague) ou documentaires (présentation de lieux, Cahors, Cajarc, Montcuq, Beauregard, Golfech...), publications pour lesquelles l'investissement en papier est impossible, sauf à recourir à l'impression à la demande.

Site officiel : http://www.ecrivain.pro

Présentation des livres essentiels :
http://www.utopie.pro

Pièces de théâtre pour 8 femmes (Théâtre contemporain français) de **Stéphane Ternoise**

Dépôt légal à la publication au format ebook du 7 mars 2012.

Imprimé par CreateSpace, An Amazon.com Company pour le compte de l'auteur-éditeur indépendant.
http://www.livrepapier.com

ISBN 978-2-36541-437-1
EAN 9782365414371